Zu diesem Buch

In der Mathematik geht ein Großteil von Rechenfehlern nicht auf Unwissen oder Flüchtigkeit zurück, sondern ist Ergebnis von falschen subjektiven Lösungsstrategien. Viele Schüler rechnen aus ihrer Sicht richtig, objektiv aber falsch, da die Lösungslogik nicht verstanden wurde. Ohne die Ermittlung dieser eigentlichen Fehlerursache, die hinter den Fehlern steckt, ist jeder Korrekturversuch zum Scheitern verurteilt. Denn es kommt nicht nur darauf an, falsche Lösungen zu kritisieren, sondern richtige Rechenwege bei den Schülern zu etablieren, bevor fleißiges Üben eine falsche Rechensystematik sogar noch verfestigt. Es kommt darauf an, die falsche Denkstrategie eines Schülers zu ermitteln und dann zu widerlegen. Dies ist ganz besonders wichtig in einem Fach wie Mathematik, wo ein Gebiet logisch auf dem anderen aufbaut.

Dieses Buch erklärt, warum bestimmte Fehler gemacht werden, ihre innere Logik und didaktische Fehlinterpretationen. Es zeigt, wie man solche systematischen Fehlstrategien ans Tageslicht bringt, und gibt eine Menge praktische Handreichungen für Lernende und Lehrende. Außerdem wird das umfangreiche Feld der Text- und Sachaufgaben in Form einer Arbeitsblattsammlung erschlossen, und viele Aufgaben und Knobeleien helfen, die für die Mathematik notwendige geistige Trennschärfe zu fördern.

So kann dann «Mathematik mangelhaft» der Vergangenheit angehören.

Von Rolf Röhrig erscheint im August 1998 in der Lerntrainer-Reihe rororo klipp & klar der Band *Mathematik, 4. Klasse, Sachaufgaben* (rororo 60488).

Rolf Röhrig

Mathematik mangelhaft

Fehler entdecken, Ursachen erkennen, Lösungen finden
Arithmasthenie / Dyskalkulie: Neue Wege beim Lernen

Rowohlt

rororo Mit Kindern leben
Lektorat Bernd Gottwald

3. Auflage Juni 2001

Originalausgabe
Veröffentlicht im Rowohlt Taschenbuch Verlag GmbH,
Reinbek bei Hamburg, Januar 1996
Copyright © 1996 by Rowohlt Taschenbuch Verlag GmbH,
Reinbek bei Hamburg   ·
Umschlaggestaltung Peter Wippermann / Jürgen Kaffer
(Illustration Mike Loos)
Satz Sabon (Linotronic 500)
Gesamtherstellung Clausen & Bosse, Leck
Printed in Germany
ISBN 3 499 19725 1

Inhalt

Einleitung

Merkwürdig, aber wahr: Mathematik ist selbst für fertige Schulabgänger oftmals ein Buch mit sieben Siegeln und für Schüler nicht selten ein «Angstfach», auch wenn die Zeugnisnote noch nicht bei einem «Mangelhaft» angelangt ist. Und da der Schulerfolg maßgeblich von den Kunstfertigkeiten im Rechnen abhängt, schlagen Schüler, Eltern und Lehrer seit Generationen einen altbekannten, darum aber noch lange nicht altbewährten Weg ein, wenn sich die schlechten Zensuren in Mathematik häufen: Nachhilfe, Üben, Pauken.

Diese orthodoxe Lösung zeugt zwar vom guten Willen, das Problem zu meistern, führt aber sehr häufig nicht zum gewünschten Ziel und kann sogar kontraproduktiv sein. Denn so wichtig und nützlich das Üben ist, es reicht an die *Ursache* für die Fehler gar nicht heran, die sich bei schlechten Rechnern so auffällig akkumulieren. «Richtig rechnet man das so» – dieser bekannte Auftakt einer Nachhilfestunde leidet nämlich an dem Mangel, daß er verkehrte Lösungen nicht *kritisiert,* sondern mit dem richtigen Rechenweg *konfrontiert.* Die falsche Denkstrategie eines Schülers wird auf diese Weise weder ermittelt noch widerlegt. Die Ursachen für die sich häufenden Fehler bleiben also in Kraft. Mehr noch, sie können sich durch fleißiges Üben sogar noch verfestigen. Ihre Langzeitwirkung entfalten sie dann in nachfolgenden Disziplinen in einer Art Kettenreaktion, die gerade im Fach Mathematik nicht ausbleiben kann, wo ein Gebiet logisch auf dem anderen aufbaut.

Der Mißerfolg ist damit vorprogrammiert, bis sich am Ende dann außer den schlechten Zensuren auch noch die bekannten Klagen und Anklagen einstellen. «Unkonzentriert», «lustlos», «faul» – so lauten einige Attribute, mit denen auffällig schlechte Rechner bedacht werden, wenn sie nicht gleich zur Selbstbezichtigung greifen und sich als «Versager» vorkommen. Diese verbreiteten Interpretationen verwechseln allerdings Grund und Folge. Was da als «Unlust» oder «Faulheit» entdeckt wird, ist nämlich in der Regel keineswegs der Grund für mangelhafte Mathematikleistungen, sondern die Folge davon, daß auch angestrengtes Üben nicht zu besseren Ergebnissen führt.

Jenseits dieser eingetretenen Pfade melden sich in jüngster Zeit vermehrt wissenschaftliche Stimmen zu Wort, die den Umgang mit Mathematikdefiziten in ein gänzlich neues Licht rücken. Nach dem Legasthenieboom, der etlichen Zeitgenossen eine Lese-Rechtschreib-Schwäche bescheinigte, meinen Fachleute neuerdings, bei schlechten Rechnern eine sogenannte Rechenschwäche entdeckt zu haben, häufig auch als Arithmasthenie oder Dyskalkulie bezeichnet. Man muß kein Freund dieser wissenschaftlichen Denkrichtung sein, um einem zentralen Befund vorbehaltlos zustimmen zu können: Ein Großteil der Rechenfehler geht nicht auf *Flüchtigkeit* oder *Unwissen* zurück, wie häufig vermutet wird. Im Gegenteil: Eine stattliche Anzahl von Fehlern verdankt sich einer ausgeklügelten und zielstrebig eingesetzten *falschen subjektiven Lösungsstrategie*, die gutwillige und findige Schüler hilfsweise an die Stelle unbegriffener mathematischer Regeln setzen. Ohne die Ermittlung und Offenlegung dieser Ursache, die *hinter* den Fehlern steckt und sie hervorbringt, ist jeder Korrekturversuch zum Scheitern verurteilt.

In diesem Sinne erklärt dieses Buch, was pädagogische Fachleute und Laien oft ins Staunen versetzt: Auch den abwegigsten und scheinbar wirren Fehlleistungen liegt eine verkehrte mathematische *Systematik* zugrunde. Die gilt es zu entdecken und auszuräumen, will man durchgreifende Erfolge erzielen. Zum Auftakt (Abschnitt A) erläutern wir daher ein breites Spektrum von Fehlertypen, ihre innere Logik und didaktische Fehlinterpretationen, deretwegen solche Mängel oft unentdeckt bleiben. Das kindliche Zählen mit Hilfe der Finger kommt ebenso zur Sprache wie die Behandlung von Gleichungen mit einer Unbekannten, die bei älteren Jahrgängen häufig die merkwürdigsten Formen annimmt. *Wie* man solche systematischen Fehlstrategien ans Tageslicht bringt, wird ebenso ausführlich dargelegt. Praktische Handreichungen für Lernende und Lehrende markieren den Schlußpunkt (Abschnitt D), der exemplarisch das Gebiet mit den wohl größten Lernschwierigkeiten abhandelt: Das umfangreiche Feld der Text- und Sachaufgaben wird in Form einer Arbeitsblattsammlung erschlossen, die sich sowohl zum Selbststudium als auch für den begleitenden Förderunterricht eignet. Es folgen Aufgaben nebst Lösungen sowie Knobeleien, die zur Teamarbeit anregen und die geistige Trennschärfe zur Erfassung auch verwickelter Sachverhalte fördern.

Über allem mathematischen Bemühen sollte allerdings eine Frage nicht in Vergessenheit geraten: Warum mündet der Unterricht so häufig in mathematisches Unverständnis auf seiten der Schüler, daß Nachhilfe für die meisten zwar unentbehrlich ist, keineswegs aber den Erfolg garantiert? Wie kommt es eigentlich, daß nach der Überwindung verstaubter Bildungsprivilegien im Zeitalter der allgemeinen Schulpflicht Scharen von Absolventen die Lehranstalten verlassen, für die Zahlen und einfache Rechenoperationen immer noch «böhmische Dörfer» sind? Entgegen populären Auffassungen liegt das weder an «mangelnder Begabung» noch an der «Faulheit» der Betroffenen. In die Irre gehen in diesem Punkt auch die wissenschaftlichen Ansätze der Arithmasthenie- bzw. Dyskalkulieforschung, die von einer Rechenschwäche in Gestalt eines quasi organischen Hirnschadens («minimale cerebrale Dysfunktion», MCD) Kenntnis haben wollen (Abschnitt C).

So viel sei vorweggenommen: Die schlechte Meinung vom beschulten Personal zeugt nur von einer unverwüstlich guten Meinung über die Schule, die diese nicht verdient hat. Warum findet das schulische Lernen unter dem Diktat der Zeit und dem Druck von Noten statt? Verträgt es sich mit dem Interesse an einer umfassenden Bildung aller, wenn der Unterricht mit Hilfe von mündlichen wie schriftlichen Tests Wissenslücken akribisch ermittelt, aber nicht, um sie auszuräumen, sondern um sie per Zensur zu sanktionieren? Schlechte Noten und Zeugnisse verunmöglichen den Zugang zu den höheren Bildungsanstalten. Warum sind gerade jene, die Bildung ausweislich ihres Notendurchschnitts am nötigsten hätten, am weitestgehenden davon ausgeschlossen? Warum ist Auslese kein Schimpfwort, sondern anerkannter Bildungszweck?

Fragen über Fragen. Antworten finden sich in diesem Buch (Abschnitt B).

Mathematikdefizite: Fehlertypen und Diagnoseverfahren

Fehler unterlaufen beim Rechnen immer wieder, dem einen mehr, dem anderen weniger. Aber Fehler ist nicht gleich Fehler. Hier gibt es entscheidende Unterschiede.

1. Rechenfehler mit System: «subjektive Algorithmen»

Zahlreiche Fehler lassen sich gewiß unter dem Stichwort *Flüchtigkeitsfehler* abbuchen. In solchen Fällen liegt ein mathematisches Wissen um die zu bearbeitende Sache durchaus vor. Aber wegen einer Unaufmerksamkeit oder Konzentrationsschwäche verfehlt der Kandidat das richtige Ergebnis. Die Korrektur besteht daher in solchen Fällen in der Regel darin, auf den gemachten Fehler schlicht hinzuweisen. Weitere Erläuterungen über den Rechenweg oder mathematische Gesetze erübrigen sich hier, weil diese, insofern es sich um einen bloßen Flüchtigkeitsfehler handelt, bekannt sind. Die Praxis zeigt jedoch, daß eine Vielzahl von Fehlern voreilig mit diesem Etikett versehen wird, und das zeugt eher von einer flüchtigen Betrachtungsweise des Beurteilenden als von einer treffenden Diagnose.

Ähnliches gilt von der Behauptung, viele Fehler würden einfach aus *Unwissenheit* begangen. Natürlich ist nicht zu bestreiten, daß es Kindern und Jugendlichen auf diesem oder jenem Feld der Mathematik je nach Ausbildungsstand noch an Wissen mangelt. Sicher scheitern solche Aspiranten dann auch an der Lösung von Aufgaben, welche diesen Kenntnisstand notwendig voraussetzen. Aber die Banalität, daß ein Viertkläßler der Grundschule an der Integralrechnung verzweifelt, kann wohl kaum die Mathematikdefizite erklären, die bei einem Schüler dieses Jahrgangs in Rede stehen.

Es verhält sich anders: Ein Großteil der Rechenfehler geht nicht auf *nicht* vorhandenes Wissen oder *nicht* gegebene Aufmerksamkeit zurück. Im Gegenteil: Eine erkleckliche Anzahl von Rechenmängeln verdankt sich einer konsequent und zielstrebig eingesetzten *falschen subjektiven Logik*, mit der ein

Schüler konzentriert und angestrengt «folgerichtig» zum falschen Ergebnis kommt. In diesen Fällen liegt kein bloßer *Irrtum* vor. Der Schüler hat sich bei seinem verkehrten Rechenweg und daher falschen Ergebnis «etwas gedacht»[1]. Was er sich gedacht hat, ist leider nicht richtig, sondern verweist vielmehr darauf, daß er an einer vorgelagerten Stelle im Gebäude der Mathematik grundlegende Gesetze und Prinzipien nicht bzw. falsch verstanden hat. An die Stelle *objektiver Gesetze* der Mathematik hat der mit seinem Unverständnis kämpfende Kandidat von ihm selbst erdachte Regeln und Prinzipien, gewissermaßen *subjektive Algorithmen* gesetzt[2]. Und dieses *falsche* Wissen bringt er nun im weiteren Fortgang zum Einsatz. Das Ergebnis ist bekannt. So kommen Fehler beim Rechnen zustande, die nur für den oberflächlichen Betrachter mit Flüchtigkeit oder Unwissen ursächlich zu tun haben.

Wir wollen diesen Sachverhalt an einem Beispiel verdeutlichen, das typisch ist, und zwar sowohl für die Produktion von subjektiven Algorithmen als auch für die falsche Interpretation, die solchen Fehlleistungen nur allzuoft durch Lehrer, Didaktiker und Pädagogen zuteil wird.

2. Ein typisches Beispiel und seine didaktischen Fehlinterpretationen

Das Beispiel ist einem Rechentest entnommen, den wir mit Jugendlichen durchgeführt haben.

Folgende Aufgabe war zu lösen: Subtraktion von zweistelligen positiven ganzen Zahlen zwischen 0 und 99 im Kopf, schriftliches Notieren von Zwischenergebnissen ist erlaubt. Hier ein Ergebnis aus dem Test:

(2.1) $46 - 23 = 17$
(2.2) $65 - 38 = 27$

Die erste Subtraktion wurde falsch, die zweite korrekt durchgeführt. Aber warum? Flüchtigkeit? Zufall? In qualitativen Interviews zum Test und seinen Ergebnissen baten wir die Schüler, ihren Rechen*weg* zu offenbaren. Und siehe da, lautes Vordenken und -rechnen brachte eine Lösungsstrategie ans Tageslicht, die mit Aufmerksamkeitsmängeln oder Gleichgültigkeit gegenüber der Aufgabenstellung rein gar nichts zu schaffen hat:

(2.3) $40 - 20 = 20$
$6 - 3 = 3$
$20 - 3 = 17$

(2.4) $60 - 30 = 30$
$8 - 5 = 3$
$30 - 3 = 27$

Dem in (2.3) skizzierten Lösungsweg liegt folgender Fehler zugrunde: Zunächst zerlegt der Schüler Minuend und Subtrahend in Zehnerbündel und Einer und subtrahiert jeweils diese voneinander. Soweit ist das Vorgehen korrekt. Statt nun im dritten

Schritt die so ermittelten Reste zu *addieren*, subtrahiert er auch hier: 20 − 3 = 17, so lautet das falsche Ergebnis.

Bei dieser Strategie hat eine falsche Überlegung des Schülers Pate gestanden: Die Vereinfachung einer Subtraktion durch Zerlegung der Zahlen in Zehnerbündel und Einer, die voneinander abzuziehen sind, läßt er sich noch einleuchten. Daß die jeweiligen Restbeträge aber zu addieren sind, kommt ihm deswegen nicht in den Sinn, weil er die Aufgabe «Subtrahiere» verkehrt als die mechanische Anweisung auffaßt, zwei Zahlen, wo immer sie ihm auf seinem Lösungsweg bei einer Subtraktionsaufgabe begegnen, voneinander abzuziehen. Der Algorithmus der Subtraktion per Zerlegung ist also nicht begriffen, sondern falsch interpretiert worden. Ein *verkehrter subjektiver Algorithmus* ist an die Stelle des objektiven mathematischen Verfahrens getreten.

Und nun kommt das Verblüffende: In Aufgabe (2.2) 65 − 38 führt – mit einer kleinen Modifikation – die Anwendung desselben falschen Algorithmus *notwendig* zum *richtigen* Ergebnis.

Zunächst unterscheidet sich diese Aufgabe von der vorhergehenden nur dadurch, daß die Anzahl Einer im Minuenden kleiner als im Subtrahenden ist. Daher muß bei der Subtraktion per Zerlegung ein Zehnerbündel in Einer aufgelöst werden (Zehnerübergang), damit die Subtraktion im Bereich der positiven Zahlen überhaupt ausführbar ist: 60 − 30 = 30, aber 5 − 8 ist ohne Zuhilfenahme negativer Zahlen keine durchführbare Operation. Also wird beim Zerlegungsverfahren 50 − 30 = 20 ermittelt, so daß nach Auflösung eines Zehnerbündels noch die Differenz 15 − 8 zu berechnen wäre. Ganz anders verfährt die Testperson, die ihrem eigenen verkehrten Verfahren treu bleibt: Im Lösungsweg (2.4) werden zunächst die Zehnerbündel voneinander abgezogen. Schritt zwei bestünde in der Subtraktion 5 − 8. Diese Aufgabe ist für den Schüler nicht lösbar, weil er über die negativen Zahlen nicht verfügt und die im Zerlegungsalgorithmus vorgesehene Auflösung eines Zehnerbündels nicht begriffen hat. Der gute Wille, auf jeden Fall eine Lösung zu präsentieren, läßt ihn die Aufgabe daher umstellen: $5 - 8$ «geht nicht», also muß man $8 - 5$ rechnen, um überhaupt ein Resultat zu erzielen. Schritt drei subtrahiert wieder die so ermittelten Reste voneinander – $30 - 3 = 27$ – und kommt – o Wunder der Mathematik! – auf diese denkbar *falsche* Weise zum *richtigen* Ergebnis.

Mit anderen Worten: Ein und derselbe *falsche* Algorithmus für die Subtraktion führt in 50 % aller Fälle zum falschen, bei den anderen 50 % (Subtraktion mit Zehnerübergang) zum *richtigen* Ergebnis. Und zwar *notwendig*. Kurz gesagt deshalb, weil dem Schüler ein *doppelter* Vorzeichenfehler unterläuft, der alles zum Guten wendet.

Dazu geben wir einen kurzen

Beweis:
Jede positive ganze Zahl zwischen 0 und 99 läßt sich als Summe von Zehner- und Einerbündeln folgendermaßen darstellen:

(2.5) $10 \cdot a_1 + a_2, \quad 0 \leq a_1, a_2 \leq 9$
a_1, a_2 *natürliche Zahlen*

Für die Subtraktion zweier solcher Zahlen folgt:

(2.6) $10 \cdot a_1 + a_2 - (10 \cdot b_1 + b_2) =$
$10 \cdot a_1 - 10 \cdot b_1 + (a_2 - b_2)$

Ist nun wie in Aufgabe (2.2) ein Zehnerübergang erforderlich, weil $a_2 \leq b_2$, so folgt nach dem falschen Verfahren der Testperson:

(2.7) $a_2 - b_2$ *geht nicht, weil negativ; also* $b_2 - a_2$

Diese Differenz wird nun fälschlicherweise subtrahiert und führt so zum richtigen Ergebnis in (2.6):

$$(2.8) \quad -(b_2 - a_2) = a_2 - b_2$$

So weit zu einer subjektiv erdachten Rechenregel, die an die Stelle eines wirklich begriffenen mathematischen Verfahrens der Subtraktion getreten ist.

Damit hat die Sache aber nicht ihr Bewenden. Gerade Beispiele dieser Art geben falschen Interpretationen didaktischer Art reichlich Nahrung.

Daß vielen Lehrern, aber auch Eltern und Schülern diese subjektive Logik verborgen bleibt, gibt zu weitreichenden Fehlschlüssen Anlaß. Zunächst einmal verführt die Tatsache, daß immerhin 50 % der Lösungen korrekt sind, zu der falschen Auffassung, der Jugendliche beherrsche doch wenigstens im Prinzip die Subtraktion, vielleicht bei einem Mangel an Routine. Selbstverständlich wird dabei übersehen, daß gerade das *nicht* begriffene Subtraktionsverfahren zu einem richtigen Ergebnis führt, weil der Schüler sich ein subjektives, verkehrtes Regelwerk erdacht hat, das aus den oben dargelegten Gründen in einigen Fällen erfolgreich ist. Bestärkt fühlen sich manche Pädagogen und Didaktiker in diesem Fehlurteil erst recht dadurch, daß der Schüler ja immer dann richtig liegt, wenn er die *schwierigeren* Aufgaben mit Zehnerübergang zu bearbeiten hat. Dann wird wohl die leichtere Variante schlicht zur Unaufmerksamkeit und Nachlässigkeit animieren, weil der Schüler sich unterfordert sieht – so mündet die falsche Diagnose endgültig auf der schiefen Bahn, die manchem Schüler zum Verhängnis wird: Er wird zur Konzentration angehalten, mit Übungsaufgaben bombardiert, um Routine zu gewinnen – aber nie wird das falsche Verfahren offengelegt und richtiggestellt. Es führt ja zu Ergebnissen, die eine ganz gegenteilige Mutmaßung über den Wissensstand des Probanden hervorrufen.

Wir haben es hier mit einem exemplarischen Fall von einem *prinzipiellen* mathematischen Denkfehler zu tun, der in der Regel – wie oben gezeigt – ebenso falsch interpretiert wie behandelt wird. Und das hat negative Konsequenzen für den Schüler wie für seine gutmeinenden Förderer, wenn sie sich mit Nachhilfeunterricht und Übungen erfolglos an der Beseitigung von Rechenmängeln abarbeiten, die dadurch nicht selten nur vertieft und verfestigt werden.

3. Nachhilfe: eine nur bedingt taugliche Kompensation mit begrenzter Reichweite

Um mit dem Positiven zu beginnen: Selbstverständlich hat der Nachhilfeunterricht eine wichtige Funktion. Wer die Bruch- oder Prozentrechnung nicht begriffen hat, bekommt sie per Nachhilfe eben noch einmal erklärt. Fleißiges Üben macht ebenfalls Sinn, weil die bloße Kenntnis der mathematischen Gesetzmäßigkeiten noch gar nicht die gewünschte Routine bei der rechnerischen Ausführung derselben einschließt.

Und nun zur negativen Seite: Unsinnig, ja sogar schädlich und kontraproduktiv ist der Nachhilfeunterricht allerdings immer da, wo er sich an Fehlertypen der oben skizzierten Art abarbeitet, ohne eine Ahnung davon zu haben.

Die Nachhilfe beginnt in solchen Fällen bereits mit einem verkehrten Auftakt: «Richtig rechnet man das so» ist, bei Lichte betrachtet, keine Hilfestellung für einen Schüler, der falsch rechnet. Denn so wird die verkehrte Lösung nicht *kritisiert*, sondern mit dem richtigen Weg bloß *konfrontiert*. Auf diese Weise bleibt der Grund des Fehlers im dunkeln.

Für den Schüler ergibt sich eine fatale Situation: Seine falsche Denkstrategie wird mangels Kritik nicht durch die richtige Gesetzmäßigkeit *ersetzt*, sondern um diese *ergänzt*. Von nun an schwankt er zwischen zwei Regeln, die ihm gleichermaßen einleuchten: die erste, weil es die eigene ist; die zweite, weil sie ihm von einem Fachmann nahegelegt wird. Welche wann zum Zug kommt, ist eine Frage des Zufalls und der Willkür. Auf diese Weise wohnt Rechenmängeln selbst dann ein Prinzip inne, wenn sie auf den ersten Blick in ihrem Auftreten so inkonsequent und willkürlich aussehen.

Daß auf diese Weise vorliegende Mathematikdefizite fortgeschrieben werden, bemerkt natürlich ein guter Nachhilfelehrer. Das provoziert nicht selten den Fehlschluß, es mangele an *Übung*. Damit aber wird nicht der Fehler behoben, sondern das Material vervielfältigt, in dem er sich ausdrückt. So wird zu allem Überfluß auch noch die nach wie vor in Kraft befindliche *falsche* Logik des Schülers *vertieft*.

Im besten Fall zeitigt der Nachhilfeunterricht positive Folgen – und verschlimmert dadurch die Lage: Der Schüler, dem nach wie vor sein subjektives falsches Regelwerk einleuchtet, mag sich dazu entscheiden, wenigstens die ihm dargebotene richtige Strategie *auswendig zu lernen*, wenn schon nicht zu begreifen. Das bringt temporäre Erfolge bei Klassenarbeiten – und rächt sich enorm auf einer späteren Stufe der mathematischen Ausbildung. Der logische Aufbau des mathematischen Gebäudes führt nämlich dazu, daß Wissenslücken und Fehler auf einer vorgelagerten Stufe ein Begreifen nachfolgender Theorien fast unmöglich machen. Wer über die Grundlagen der Arithmetik nicht verfügt, wird Gleichungen mit einer Variablen nie lösen können.

So hat die Sache am Ende nicht selten einen psychologischen Effekt: Mathematik wird auch für willige Schüler früher oder später zur reinen Tortur. Denn alles Üben nutzt nichts, der Fehler wird ja nie behoben. Also stellen sich falsche Ergebnisse ein, und schließlich häuft sich der damit verbundene Tadel.

Das legt vielen Aspiranten den psychologischen Fehlschluß nahe, ein *Versager* in Mathematik zu sein, indem sie eine kleine, aber entscheidende semantische Verschiebung vornehmen. Der Satz «Ich kann *Mathematik* nicht» gerät vielen Lernenden nach erfolglosem Bemühen zu dem Seufzer «*Ich* kann Mathematik nicht», womit die Diagnose des Versagers fertig wäre.

4. Fehlertypen und ihre Logik

Die bisherigen Forschungsarbeiten über Mathematikdefizite konzentrieren sich wesentlich auf den Elementarbereich der Grund- und Hauptschule. Unser bereits zitierter Rechentest hat auch Jugendliche und junge Erwachsene einbezogen. Überprüft wurde nicht nur der Kenntnisstand in bezug auf Ziffer, Zahl und arithmetische Grundoperationen, sondern auch das Wissen um Bruch- und Prozentrechnung, Gleichungen mit einer Variablen sowie Sachaufgaben. Inhaltlich ist damit etwa der mathematische Stoff der Hauptschule und in einigen Aspekten der Realschule abgedeckt.

Etliche Fehler treten unabhängig vom Alter der Schüler auf. So sind etwa auch bei Absolventen der Hauptschule Mängel bei den Grundrechenarten zu entdecken, die bei Kindern im Grundschulalter verbreitet sind. Auch aus diesem Grund betrachtet die folgende Fehlertypologie Rechenmängel altersunabhängig und folgt in der Darstellung dem logischen Aufbau der Mathematik, beginnt also mit Ziffer und Zahl und setzt mit Gleichungen und komplexeren Sachaufgaben den Schlußpunkt.

Die charakterisierten Fehler verdanken sich dabei nicht einem Zufallsprinzip, sondern treten gehäuft auf, und zwar in einem doppelten Sinn des Wortes: Sie finden sich bei *zahlreichen* Schülern und Testpersonen und werden von jeder dieser Personen *häufig* begangen. Dieser Umstand läßt darauf schließen, daß es wohldefinierte spezifische Inhalte der Mathematik sind, die immer wieder zu Lernhürden werden, an denen sich Schüler ebenso falsch wie erfinderisch abarbeiten. Diese «neuralgischen Punkte» des mathematischen Lernens schlagen sich in der Systematik der Fehlercharakteristik nieder.

Die folgende Fehlertypologie ist einerseits den Ergebnissen des im Anhang dokumentierten Rechentests entnommen. Zum anderen stammen die Beispiele insbesondere zum Problemkreis Kardinal- und Ordinalzahl sowie zum Stellenwertsystem aus der Übungspraxis mit Kindern, die ich zu Forschungszwecken in verschiedenen Instituten zur Behandlung der Rechenschwäche über lange Zeit begleitet habe. Die Fehleranalyse rekurriert dabei auf Interviews und Gespräche, die im Anschluß an den Test bzw. während der Übungen mit Kindern und Jugendlichen geführt wurden, um näheren Aufschluß über die Denkstrategien zu erhalten, die zu Fehlern geführt haben.

Das Gros der bilanzierten Fehlertypen gehorcht dabei dem eingangs charakterisierten Prinzip «subjektiver Algorithmen». Manche Fehlerarten, besonders auf dem Feld des Sachrechnens, entziehen sich allerdings diesem Schema und haben ihre eigene Logik, die ausführlich dargestellt wird. Bei solchen Fehlern, die im Nachhilfe- und Förderunterricht häufig zu falschen Interpretationen des Pädagogen Anlaß geben, werden zugleich die didaktischen Trugschlüsse erläutert, die sich daran knüpfen.

Zahlreiche Arbeiten über Rechenmängel bei Kindern und Jugendlichen haben gezeigt, daß bereits beim Lernen im pränumerischen Bereich Mängel auftreten können, die das weitere mathematische Lernen beeinträchtigen.[3] Insbesondere Kinder scheitern mitunter an einfachen Operationen des Vergleichens und Sortierens von Gegenständen unterschiedlicher Form und Farbe. Folglich gelingt ihnen auch nicht das Abzählen einer bestimmten Art von Objekten aus einer größeren Menge, weil erstere nicht eindeutig ausgemacht werden kann.

Wir konzentrieren uns dagegen auf solche systematischen Denk- und Strategiefehler, wie sie mit Beginn des Zählens und Rechnens auftreten. Um die teilweise sehr aufschlußreichen falschen Vorgehensweisen nicht auszublenden, die besonders Kindern beim Lernen unterlaufen, eröffnet ein Blick auf elementare Trugschlüsse beim Aufbau des Zahlbegriffs die Fehlercharakteristik.

4.1 Zahlen: Kardinal- und Ordinalzahl

Die beim einfachen Abzählen von Objekten benutzten Zahlen nennt man natürliche Zahlen: 1, 2, 3, 4 usw. Diese so vertrauten Zahlen haben sehr unterschiedliche Bedeutungen. Fragt man nach der *Anzahl* von Dingen und benennt das Ergebnis mit eins, zwei, drei usw., so ist die verwendete Zahl eine *Kardinalzahl*. Sie antwortet auf die Frage «wieviel?». Erkundigt man sich dagegen nach dem *Rangplatz* oder auch nach der *Reihenfolge* von Objekten und erhält das Resultat: der erste, zweite, dritte usw., so handelt es sich bei der Zahl um eine *Ordinalzahl*. Sie antwortet auf die Frage «der wievielte?» oder «an welcher Stelle?».

Es ist keine akademische Frage, diese beiden Zahlbegriffe zu kennen und zu unterscheiden. Kindern und selbst älteren Schülern mißlingt das häufiger, mit der Folge, daß sich auf die merkwürdigste Weise falsche Ergebnisse beim Zählen und Rechnen einstellen.[4]

• 2 + 3 «geht nicht»
Dieses Resultat kommt beim Zählen mit den Fingern zustande, wenn der Unterschied von Kardinal- und Ordinalzahl nicht begriffen ist. An den Summanden Zwei, der mit Daumen und Zeigefinger repräsentiert ist, kann das Kind den nächsten Summanden nicht anschließen. Der Mittelfinger, der nun an der Reihe wäre, steht nämlich in seiner Vorstellung für Drei, gebraucht würde er aber für eine Eins, mit der der nächste Summand beginnt. Der Daumen, der in derselben Vorstellung für

diese Eins steht, kann nicht aushelfen, weil er bereits belegt ist. Man sieht: Das Kind vermag Kardinal- und Ordinalzahl nicht zu scheiden. Jeder Finger repräsentiert einerseits ein und dieselbe Anzahl, nämlich eins. In der Fingerreihe nimmt er andererseits einen festen Rangplatz ein. Beim Abzählen mit den Fingern hat er deswegen eine *doppelte* Bestimmung: Der letzte Finger in einer Zählreihe ist *eine* hinzukommende Einheit und gibt mit dem Zahlwort, das ihm aufgrund seines Rangplatzes in der Reihe zukommt, zugleich die *Summe* bekannt. Ist man beim vierten Finger angelangt, ist das *Ergebnis der Abzählung* vier und der *Beitrag* des vierten Fingers dazu eins. Kinder halten nun diese ordinale Bestimmung des vierten Fingers, die sich in einer anderen Reihenfolge selbstverständlich ändern würde, für eine quasi mit ihm verwachsene natürliche Eigenschaft. Und diese wird gegen seine kardinale Bestimmung gehalten, wie alle anderen Finger nur eine Einheit zu verkörpern. Fortan steht der Mittelfinger für die *Zahl* Drei, weil er, ordinal gesehen, an dritter Stelle steht. Als Repräsentant einer einfachen Einheit Eins, mit der man weiterzählt, kommt er deswegen nicht in Betracht. Das liefe nämlich auf einen Widerspruch hinaus, den auch das Kind empfindet und meiden will: Ein und derselbe Finger wäre Eins und Drei zugleich.

Insofern ist es konsequent, daß Kinder, die diesen Fehler machen, zu richtigen Ergebnissen kommen können, wenn sie anstelle der Finger andere Hilfsmittel zum Zählen bemühen, bei denen Ordinal- und Kardinalaspekt nicht auf quasi natürliche Weise miteinander verquickt sind: «Markus hat sich einen Trick einfallen lassen: Mit den Fingern kann er die Aufgabe auch nicht lösen. Aber wenn er 2 Striche malt, ein Pluszeichen und danach 3 Striche, dann das Pluszeichen durchstreicht und von vorne alle Striche abzählt, dann kann er die Aufgabe.» (Schöninger 1991, 135)

- 2 + 3 = 3

Dies ist eine konsequente Fortsetzung der oben dargelegten Verwechslung. Das Kind kann aus den genannten Gründen an den Summanden Zwei den folgenden nicht anschließen. Der gute Wille, die Aufgabe zu meistern, führt zu einem Beschluß: Zwar sind Daumen und Zeigefinger bereits durch Zwei belegt. Aber da nun einmal für Eins aus dem nächsten Summanden der Daumen den Anfang zu machen hat, darf man darauf keine Rücksicht nehmen. Der Summand Drei wird also wiederum vom Daumen beginnend dargestellt und endet konsequent beim Mittelfinger. An dem liest das Kind wie gewohnt das Ergebnis ab: drei.

- 9 − 4 = 6

Auch dieses falsche Resultat ist mit der skizzierten Technik leicht zu haben. Mit festem Blick auf die ordinale Bestimmung von Zahl und Finger führt das Kind die Subtraktion rückwärts zählend aus: Neun Finger stehen hoch; gezählt wird der neunte, achte, siebte, sechste Finger, an dem das Ergebnis abgelesen wird.

4.2 Ziffer, Zahl und dekadisches System

Das sogenannte dekadische oder auch Dezimalsystem ist ein Ordnungssystem zur Darstellung von Zahlen beliebiger Größe. Da es unpraktikabel wäre, jeder Zahl ein eigenes Symbol zuzuordnen, richten sich alle Zahlsysteme darauf, mit möglichst wenigen Symbolen den gesamten Zahlenraum darzustellen. Die römischen Zahlen sind ein noch recht umständlicher und wenig tauglicher Versuch. Das Dezimalsystem schafft dies dagegen durch Verwendung von zehn Symbolen 0, 1, ... 9 sowie einem

Stellenwertsystem. Jeder Ziffer zwischen 0 und 9 wird ein Stellenwert zugewiesen, und die Stellen von rechts nach links entsprechen aufsteigenden Potenzen der Zahl 10. Daher der Name Dezimalsystem. Es ist beispielsweise

$$236 = 2 \cdot 10^2 + 3 \cdot 10^1 + 6 \cdot 10^0 = 200 + 30 + 6$$

Einheiten werden so gebündelt, daß die jeweils nachfolgende Bündelung zehn Einheiten der vorangehenden zusammenfaßt. Um dieses System zu erfassen, muß man also das Wesen von Ziffer, Zahl (Ziffer plus Stellenwert) und Bündelung verstanden haben. Hier ergeben sich zahlreiche Mißverständnisse bei Lernenden.

• Ziffer und Zahl werden verwechselt bzw. gar nicht erst unterschieden. Schüler im Anfangsunterricht halten die Zahlen 12 und 21 für identisch, weil immer dieselben Ziffern vorkommen. Scheinbar wirre Verwechslungen bei Zahlen ergeben sich oft aus diesem Prinzip.

• Lauttreue Schreibweise von Zahlen
Die Zahl zweitausendachthundertundfünfzig lautet geschrieben 200080050. Solche Fehler zeugen von einer grundsätzlichen Unkenntnis des Stellenwertsystems. Sie werden verstärkt durch den Umstand, daß die Grammatik der Sprache und der Symbole auseinanderfallen. Zweitausend drückt sprachlich die Zahl 2000 so aus, daß die Zahl zwei mit der ausdrücklichen und expliziten Nennung des Bündels kombiniert wird, das sie repräsentiert, Tausender eben. Die Stellenwertschreibweise operiert dagegen nur mit dem Symbol 2, dem Tausenderbündel nicht durch ausdrückliche Nennung, sondern durch bloße Verschiebung desselben Symbols nach links an die vierte Stelle zugeordnet werden, erkennbar an der Auffüllung der ersten drei Stellen durch Nullen.

In der Tat ist die obige Notation die laut*treue* Wiedergabe der gesprochenen Zahl, die in der dezimalen Notation lediglich einstellige Ziffern in zugehörige Stellen einfügt.

- 84 = 48

Solche «Zahlendreher» erklären sich aus den genannten Gründen. Die deutsche Sprache – im Unterschied etwa zum Englischen oder Französischen – tut wieder das Ihrige dazu: Die Zahl 84 vertauscht als ausgeschriebene und gesprochene Einer und Zehner: vierundachtzig. Entsprechend verwechselt die obige Notation die Reihenfolge.

- 14 + 23 = 64

Solche Fehler liegen noch gar nicht auf der Ebene von verkehrt durchgeführten arithmetischen Rechenverfahren, bei denen beispielsweise Übertragsfehler in der Behandlung von Einern, Zehnern und deren Bündelungen auftreten. Die hier skizzierte Rechnung kennt einen solchen Unterschied gar nicht, der auf dem Stellenwert einer Ziffer beruht. Es wurde zunächst «innen» addiert (4 + 2 = 6, also Einer und Zehner durcheinander), danach «außen» (1 + 3 = 4). Das Ergebnis ist also 64.

Als Begründung geben Kinder für diesen Fehler häufig an, sie hätten es «wie immer gemacht», nämlich Einer zusammengezählt. In der Tat: Die beiden zweistelligen Zahlen werden gar nicht als solche, sondern als hintereinanderstehende Einer aufgefaßt. Die ganze Aufgabe erscheint dem Kind so als abkürzende Schreibweise für zwei Additionsaufgaben, in denen Einer verknüpft werden.

- Die Zahl 0 wird als nicht existent behandelt. Vom Standpunkt des Zählens erscheint Kindern die Null als bedeutungslos. Es gibt keinen nullten Finger, und weil 1 + 0 = 1 ist, «zählt» die Null «nichts», kann also vernachlässigt werden. Im dekadischen

System ist sie unentbehrlich. Zwischen 1000 und 1 liegen Welten, weil erst die Nullen der Ziffer Eins den Stellenwert zuweisen, der sie zur Zahl tausend macht.

4.3 Algorithmische Fehlstrategien bei den Grundrechenarten

Wir konzentrieren uns hier auf die schriftlichen Verfahren und die dabei auftretenden Mängel.

Die Addition fällt den Schülern von allen Rechenoperationen am leichtesten. Dennoch, auch auf diesem Gebiet zeigen sich bemerkenswerte systematische Fehler.

Addition

• Fehlender Übertrag
Darin liegt ein erstes Prinzip, das sich in folgendem Beispiel aus dem Test zeigt:

$$\begin{array}{r} 327 \\ + \ 465 \\ \hline 7812 \end{array}$$

Die Addition der Einer überschreitet 10. Statt 2 im Ergebnis zu notieren und 1 als Übertrag in die folgende Zehneraddition zu übernehmen, wird das Gesamtergebnis 12 aufgeschrieben. Das Prinzip der Bündelung im Dezimalsystem ist diesem Schüler nicht vertraut. Er hält statt dessen den Algorithmus für eine spaltenweise Addition von Zahlen.

• Kein Übertrag in eine Leerstelle
Ist Schülern der Übertrag als Verfahren geläufig, so wird er dennoch oft falsch ausgeführt. Das folgende Beispiel ist bei vielen Rechnern verbreitet:

```
  268
+  91
  259
```

Die Zehnerüberschreitung bei der Addition von 9 und 6 macht einen Übertrag nötig: 5 ist im Ergebnis als Teilsumme richtig notiert, aber der davon bereits korrekt abgespaltene Übertrag von 1 wird in die nächste Addition nicht übernommen. Und zwar deshalb, wie sich auf Befragen herausstellt, weil es im unteren Summanden «nichts gibt», wozu man den Übertrag addieren könnte. Dort steht eine Leerstelle.

Das Mißverständnis versuchen einige Didaktiker dadurch auszuschalten, daß sie Schüler dazu anhalten, solche Leerstellen mit Nullen aufzufüllen. Dem steht allerdings entgegen, daß dadurch der Umgang mit Nullen inmitten von Summanden einer gewissen Willkür preisgegeben wird.

Subtraktion

Hier ergibt sich im Unterschied zur Addition eine neue Schwierigkeit: Teilsubtraktionen können zu negativen Zahlen führen, wenn der Schüler nicht über ein richtiges Verständnis der Entbündelung verfügt. Zur Vermeidung dieses Dilemmas werden dann neue Rechenstrategien wie die folgende erfunden.

• «Größere Zahl minus kleinere»
Diesem Prinzip folgt die nachstehende Rechnung:

$$345$$
$$-\,258$$
$$\overline{113}$$

Statt 5 − 8 wurde hier 8 − 5 gerechnet, und dies nicht aus einem bloßen Irrtum heraus. Die beiden folgenden Subtraktionen bleiben nämlich dem falschen Prinzip treu, das schlicht darin besteht, immer die *kleinere* Zahl von der *größeren* abzuziehen. Denn so vermeidet der Kandidat den Zehnerübergang in der Subtraktion, der zur Auflösung eines Zehnerbündels in Einer nötigt und offenbar nicht verstanden wurde.

• Kein Übertrag
In vielen Rechnungen unterbleibt der Übertrag ganz:

$$345$$
$$-\,258$$
$$\overline{197}$$

Hier wurde korrekt entbündelt und im Ergänzungsverfahren richtig aufgefüllt: 5 − 8 wird so zu 15 − 8 = 7. Aber die Entbündelung eines Zehners wird gar nicht als Übertrag in der zweiten Stelle des Subtrahenden festgehalten. Damit wird das gesamte Ergebnis falsch.

• Kein Übertrag in eine Leerstelle
Analog zur Addition taucht dieser typische Fehler auch bei der Subtraktion auf:

$$456$$
$$-\ \ 87$$
$$\overline{469}$$

Zehner wurden korrekt entbündelt, der Übertrag bei der zweiten Teilsubtraktion in Rechnung gestellt: 5 − 8 wird zu 5 − 9, was nach Entbündelung schließlich 15 − 9 = 6 ergibt. Der nun fällige Übertrag in die Leerstelle aber unterbleibt. Auf Befragen ergab sich dieselbe Begründung wie bei der Addition.

• Addition und Subtraktion werden verwechselt
Dieser Fehler gibt auf den ersten Blick Rätsel auf. Wo zwei Zahlen zu addieren wären, subtrahiert der Schüler und umgekehrt. Die Entscheidung fällt willkürlich aus, folgt aber durchaus einer *prinzipiell* falschen Auffassung: Der Schüler hat nicht etwa die Rechenzeichen + und − vertauscht oder unsauber notiert, sondern er hält Addition und Subtraktion tatsächlich für äquivalent.

Dieses Urteil wird genährt vom sogenannten Normalverfahren, das in deutschen Schulen für die Subtraktion gilt. Die Subtraktion (Minuend − Subtrahend = Differenz) kann schriftlich mit Hilfe zweier verschiedener Algorithmen ausgeführt werden. Sind die Zahlen entsprechend ihren Stellenwerten untereinander notiert, werden von den Ziffern des Minuenden die zugehörigen des Subtrahenden abgezogen. Dieses Verfahren ist durch ein anderes Vorgehen, das sogenannte Normalverfahren, in deutschen Schulen ersetzt worden. Danach wird im Ergänzungsverfahren operiert: Die Ziffern im Subtrahenden werden per Addition bis zur zugehörigen Ziffer im Minuenden aufgefüllt. In der Tat ist es logisch äquivalent, zur Ermittlung einer Differenz vom Ganzen den Teil abzuziehen oder den Teil bis zum Ganzen aufzufüllen. Schüler, welche diese Identität nie verstanden haben, zeigen sich verblüfft, weil sie zum Subtrahieren addieren müssen. Und dieser scheinbare Widerspruch führt auf das Fehlurteil, Addition und Subtraktion seien letztlich gleichwertig und insofern austauschbar. Wann beides miteinander verwechselt wird, richtet sich nach Zufällen und eventuell zu erzielenden Rechenvorteilen, so daß dem Pädagogen die hier zugrunde liegende *subjektive Logik* wie die reine Willkür erscheint.

Multiplikation

Diese vergleichsweise komplizierte Operation führt zu neuen charakteristischen Fehlertypen.

• Falsche Anordnung der Teilprodukte

$$84 \cdot 98$$

$$
\begin{array}{r}
756 \\
672 \\
\hline
1428
\end{array}
$$

Bei dieser schriftlich durchgeführten Multiplikation ignoriert die Testperson, daß in den zu addierenden Teilergebnissen 756 und 672 die Ziffer 6 in der Zahl 756 mit einem Zehnerstellenwert, die Ziffer 2 in der darunter stehenden Zahl dagegen mit einem Einerstellenwert verknüpft ist. Die Ausrückung der Zahlen bei der Notation macht diesen Unterschied sinnfällig. Dem Schüler ist die Funktion der Ausrückung unbekannt, so daß er unter Mißachtung der Stellenwertunterschiede einfach 2 + 6, 7 + 5 und 6 + 7 addiert. Das Ergebnis ist daher 1428 statt 8232.

Tatsächlich paart sich dieser Denkfehler häufig mit einer unsauberen Schreibweise, welche die Ausrückung des zweiten Teilergebnisses nur halb vornimmt. Dennoch, es ist eine Verkennung dieses Fehlers, ihn auf eine unkorrekte Notation der Teilergebnisse zurückzuführen, die den Ziffernabstand zwischen 2 und 6 etc. nicht deutlich genug festhält. So werden Grund und Folge verwechselt: Das falsche Addieren hat nicht seinen Grund in einer unkorrekten Notation, sondern diese ist vielmehr umgekehrt die Folge mangelnden Verständnisses des dekadischen Systems. Der Schüler weiß keinen Grund dafür, warum er zwei dreistellige Zahlen mit seitlicher Versetzung untereinander schreiben sollte. Er hat ja bei der Addition noch gelernt, daß beim schriftlichen Verfahren Einer sauber unter Einer, Zehner unter Zehner zu stehen kommen. Da ihm der Algorithmus der Multiplikation mit der seltsamen Anweisung zur Ausrückung der Teilergebnisse aber so von einer lehrenden Autorität präsentiert wurde, will er beiden Seiten gleichzeitig gerecht werden, der Anweisung der Unterrichtsperson und seiner eigenen anderslautenden Auffassung. Das Ergebnis dieses Widerspruchs: Der Schüler nimmt die seitliche Versetzung in seiner Notation *teilweise* vor, was sofort als nachlässiges Schriftbild ins Auge sticht und mit dem *Grund* des Fehlers verwechselt wird. Interviews mit Kandidaten, die den skizzierten Fehler gemacht haben, bestätigen diese Analyse.

• Null im Multiplikator ignoriert
Gehäuft treten Fehler auf, wenn der Multiplikator eine Null enthält:

$$\frac{18 \cdot 30}{54}$$

Das Teilprodukt von 0 und 18 ergibt den Wert 0, und deswegen meint die Testperson, sie könne das Ergebnis ignorieren. Daß aber die ausgerückte Notation dieses Ergebnisses dem Umstand Rechnung trägt, daß 3 im Multiplikator einen Zehnerstellenwert hat, wird auf diese Weise übersehen.

• Null gilt als neutrales Element der Multiplikation
Schüler verblüffen mit folgender einfachen Multiplikation:

$$27 \cdot 0 = 27$$

Von der Addition her ist ihm bekannt, daß 0 neutral ist, d.h., daß die additive Verknüpfung einer beliebigen Zahl mit 0 diese unverändert läßt: $n + 0 = n$ für jede natürliche Zahl n. Dies halten manche Schüler nun für eine *Eigenschaft* der Zahl Null schlechthin, die ihr deswegen nicht bloß im Rahmen der Addition, sondern bei allen Verknüpfungen zukommt. So erklärt sich das obige Ergebnis: 0 läßt die Zahl 27 unverändert, also ist 27 das Resultat.

Division

Sie ist das schwierigste Verfahren unter den Grundrechenarten. Insbesondere dann, wenn Dividend und Divisor mehrstellig sind und einen erheblichen Größenunterschied aufweisen, häufen sich Anzahl und Schwierigkeitsgrad der durchzuführenden Teilschritte. Schon die vergleichsweise leichte Division 2403 : 7 verlangt folgende Prozedur:

– Es ist ein Teil aus dem Dividenden 2403 zu isolieren, beginnend bei der höchsten Stelle.
– Eine Überschlagsrechnung ist auszuführen: Wie oft ist der Divisor im isolierten Teil des Dividenden enthalten?
– Nach erfolgter Division ist eine Multiplikation fällig.
– Schließlich wird subtrahiert, um den nächsten Teildividenden zu ermitteln.

Dabei häufen sich Fehler insbesondere dann, wenn sich Teildivisionen mit dem Ergebnis 0 einstellen, wie die folgenden Beispiele zeigen:

• Teildivision mit Ergebnis Null wird ignoriert

$4535 : 5 = 97$

Gerechnet wurde so:

$$4535 : 5 = 97$$
$$\underline{45}$$
$$035$$
$$\underline{35}$$
$$0$$

Die Teildivision 45 : 5 ging auf, das Ergebnis 9 wurde korrekt notiert. Die Subtraktion 45 − 45 liefert 0, und die «heruntergeholte» 3 ergibt einen Teildividenden, der kleiner als der Divisor 5 ist. Die Durchführung der Division an dieser Stelle ist zwingend, «obwohl», wie der Schüler in der Befragung meinte, «nichts herauskommt». Außer eben dem Teilergebnis 0, das deswegen von Belang ist, weil es im Gesamtergebnis eine zusätzliche Stelle ausmacht und damit über den Wert der anderen Teilergebnisse bestimmt. Richtig durchgeführt lautet das Divisionsergebnis ja 907, wie man leicht nachrechnet.

● Null als Divisor
Die nachstehende Aufgabe kommt zugegebenermaßen einer Fangfrage gleich:

$$13 : 0 = ?$$

Eine Fangfrage deshalb, weil die Division durch 0 keine sinnvolle Operation ist. Insofern will die Aufgabenstellung nicht zur Durchführung der Division anhalten, sondern überprüfen, ob dem Schüler bewußt ist, daß und warum man sie gar nicht durchführen kann. Sehr oft erhält man gleichwohl Ergebnisse der folgenden Art:

$$13 : 0 = 0$$
$$13 : 0 = 1$$
$$13 : 0 = 13$$

Schon daran, daß mehrere Ergebnisse – mitunter sogar von ein und demselben Schüler – genannt werden, wird ersichtlich, daß dem guten Willen ein grundsätzliches Unverständnis zugrunde liegt. Nicht ganz unschuldig daran sind manche Schulbücher, die das spannende Thema «Division durch 0» mit einem Verbotsschild abtun: «Division durch 0 ist verboten». Da dieses «Argument» aber für den Schüler auch nicht mehr Überzeugungskraft besitzt als seine Vermutungen, auf irgendeine Weise müsse 0 bei der Division ebenso elementare Ergebnisse erzeugen, wie es 0 und 1 als neutrale Elemente in Addition und Multiplikation tun, schlägt er sich auf die Seite seiner Vermutungen. Die Ergebnisse stehen oben.

Dabei wäre es jedem Schüler durchaus einsichtig zu machen, warum die Division durch 0 nicht etwa «verboten», sondern unsinnig ist. Sie stellt daher auch keine Rechenoperation dar, die man vernünftigerweise durchführen könnte. Zum Verständnis reicht bereits ein Rückgriff auf die Kenntnisse über den Zusammenhang von Multiplikation und Division. Ist nämlich n eine beliebige positive natürliche Zahl, so kann es keine andere Zahl m geben, für die gilt:

n : 0 = m

Denn für solch ein Ergebnis m ist ja die multiplikative Umkehrung

m · 0 = 0 und nicht n.

4.4 Maßzahlen: Qualität und Quantität

Dimensionierte Größen können Schüler von reinen Quantitäten häufig nicht unterscheiden. 7 Äpfel, also eine Anzahl konkreter Dinge, werden mit der Zahl 7 identifiziert, welche nur die reine Quantität einer Einheit zur Anzahl 7 zusammenfaßt. Die Folge:

• Es werden Verknüpfungen verschieden dimensionierter unvereinbarer Größen in arithmetischen Operationen vorgenommen.

3 Sekunden + 5 Meter = 8

ist eine auf diese Weise geborene sinnlose Gleichung. Auf Nachfragen geben Schüler durchaus zu erkennen, daß sie zwischen den Größen Sekunden und Meter Unterschiede *kennen* und diese auch bisweilen *machen*. Zeit und Länge sind verschiedene Qualitäten, die aber beim Rechnen deswegen ignoriert werden, weil es dabei «nur auf Zahlen ankommt». Und das ist ein Mißverständnis bezüglich eines nicht ganz einfachen Sachverhalts. Denn auch die Zahl respektiert, was der Schüler bei dimensionierten Größen meint ignorieren zu können: Man kann nur Anzahlen *derselben* Einheit zusammenzählen. Die Zahl ist die Bestimmung der Einheit nach ihrer Anzahl. Bei reinen, undimensionierten Zahlen ist diese Einheit die pure Eins, ohne jede weitere qualitative Bestimmung. Und nur diese allen Zahlen zukommende *identische* Einheit Eins sorgt dafür, daß man sie zusammenrechnen kann. Schließlich sei noch angemerkt, daß insbesondere bei physikalischen Gesetzen die jeweiligen Qualitäten der Zahlen ihre gehörige Bedeutung haben und nicht einfach ignoriert werden können:
$20 \text{ km} = 5 \text{ km/h} \cdot 4 \text{ h}$, $20 \text{ m}^2 = 5 \text{ m} \cdot 4 \text{ m}$, diese beiden Gleichungen operieren mit identischen Zahlen, drücken aber ganz unterschiedliche Sachverhalte aus, die sich nur dann zu erken-

nen geben, wenn die Dimensionierung der Zahlen ausdrücklich notiert ist. Die erste Gleichung hat eine *Entfernung* oder *Strecke* zum Ergebnis, die sich als Produkt von Geschwindigkeit und Zeit errechnet. Die zweite Gleichung mündet in eine *Fläche*, die sich aus den beiden Seiten eines Rechtecks ergibt.

4.5 Bruchrechnung: Teilgröße, Teilanzahl und Ganzes

Der Unterschied zwischen einer Division und einer Bruchzahl ist vielen Kandidaten nicht geläufig. Schüler fassen häufig die Bruchzahl als bloß andere Schreibweise einer Divisionsanweisung auf, in der Regel schon deshalb, weil sie das Rechnen mit Bruchzahlen vermeiden und auf bekannte Rechenoperationen zurückführen wollen: $\frac{3}{4}$ verlangt, 3 : 4 zu rechnen, und das ergibt bekanntlich 0,75. Auf diese Weise bleibt unerfindlich, warum überhaupt ein Unterschied zwischen Division und Bruch gemacht werden sollte. Selbstverständlich läßt sich jede Bruchzahl als Division auffassen:

$$\frac{3}{4} = 3 : 4 = 0,75$$

ist schließlich eine richtige Gleichung. Allerdings ist auch der Unterschied zwischen Bruch und Division darin deutlich. Die Division ist zunächst nur die *Aufgabe*, eine Größe durch eine andere zu teilen. Erst die *durchgeführte* Operation bringt dann das Ergebnis hervor.

Der Bruch $\frac{3}{4}$ zeichnet sich dagegen dadurch aus, daß er Rechen*aufgabe* und Rechen*ergebnis* in einem ist. Der Bruch $\frac{3}{4}$ hält außer dem Teilungs*prozeß* auch die Teil*größe* fest, die sich dabei ergibt; insofern ist jeder Bruch eine Bruch*zahl*. Erst wird ein Ganzes geviertelt; der Nenner 4 der Bruchzahl fixiert die auf diese Weise erzeugte Teil*größe*. Der Zähler gibt die *Anzahl* solcher Teile an, die im Bruch zusammengefaßt sind.

Während also die Bruchzahl *Anzahl* und *Größe* von Teilen eines Ganzen durch einen Bruchstrich getrennt festhält und als Zähler und Nenner notiert, versteht der Schüler den Bruchstrich lediglich als Ersatzzeichen für den Doppelpunkt, der zur Division auffordert.

• Dieses Mißverständnis führt dazu, daß nicht nur das Bruchrechnen nicht beherrscht und durchgeführt wird. Auch der Versuch, dies zum umgehen, indem Brüche in Divisionen überführt werden, führt zu Termen, die nicht abschließend berechnet werden können. Das belegen Beispiele der folgenden Art:

$$1\frac{1}{3} - 2\frac{3}{5} = 1,\overline{3} - 2,6$$

Der Bruchstrich wurde als Anweisung zur Division aufgefaßt. Dabei stößt der Schüler auf eine unendliche Dezimalzahl mit der Periode 3 und kann deswegen die Subtraktion zweier Dezimalzahlen, auf die er die Bruchaufgabe zurückführt, nicht ausführen.

• Weil das Verhältnis von Teilgröße und Teilanzahl im Bruch nicht verstanden wurde, scheitern manche Aspiranten schon an einfachsten Abschätzungen, wie das nachstehende Beispiel aus dem Test zeigt:

$$\frac{1}{16} \geq \frac{3}{4}$$

Hier entscheiden sich die Kandidaten nach dem «Gesetz der größten Zahl»: Der Bruch gilt als der größere, bei dem, gleichgültig, ob im Zähler oder Nenner, die größte Zahl vorkommt. Solche Fehlleistungen zeugen davon, daß kein Wissen darum vorliegt, daß im Größenvergleich *Gleiches* in unterschiedlicher Quantität in ein Verhältnis gesetzt werden muß. Dazu wären Bruchzahlen zunächst auf die gleiche Einheit, den Hauptnenner zu bringen, um dann über den Zähler die unterschiedliche Anzahl gleicher Einheiten vergleichen zu können.

• Das Verhältnis von Bruch- und Dezimalzahl bleibt für die meisten ebenfalls im dunkeln. Auch das rächt sich, wie die folgende Größenabschätzung beweist:

$$0{,}25 \geq \frac{3}{4}$$

Die Methode der Abschätzung folgt dem Fehler von oben. Die Dezimalstellen kommen in den Genuß, mit 25 als größte in Rede stehende *Zahl* betrachtet zu werden, die natürlich den in die beiden Zahlen 3 und 4 aufgelösten Bruch übertrifft. Auch dies eine sehr subjektive Regel, die der gute Wille erfunden hat, einen zur Aufgabe anstehenden Größenvergleich durchzuführen, ohne zu wissen, wie. Das individuelle Regelwerk hat hier ganz das nicht vorhandene Wissen um das Prinzip des Dezimalbruchs ersetzt: In Fortsetzung der dezimalen Zahlendarstellung «vor dem Komma», also für Zahlen größer 1, notieren die Ziffern hinter dem Komma die Zähler von Brüchen, deren Nenner fortschreitende Potenzen von 10 sind. Also:

$$0{,}25 = \frac{2}{10^1} + \frac{5}{10^2}$$

• Zahlreiche Rechenoperationen negieren die Differenz von Teilgröße und -anzahl und bringen die seltsamsten Resultate hervor:

$$\frac{3}{4} + \frac{1}{2} = \frac{3+1}{4+2}$$

Das Verfahren besteht darin, den Bruchstrich als bloß *räumliche* Trennung von gewöhnlichen Summanden aufzufassen, die nach dem bekannten Schema addiert werden.

• Auch der folgende Lösungsweg, der bereits eine Überlegung zum Prinzip Hauptnenner enthält, bleibt diesem Fehler verhaftet:

$$\frac{3}{4} + \frac{1}{2} = \frac{3 + 2}{4 + 4} = \frac{5}{8}$$

Die Viertel gelten diesem Erweiterungsversuch nicht als *gemeinsame* Einheit der im Zähler notierten Anzahlen, sondern werden wie oben als Summanden aufgefaßt.

4.6 Prozentrechnung

Das Wesen der Prozentrechnung ist vielen Schülern gänzlich fremd: Sie gibt ein normiertes Maß für das Verhältnis von Teil und Ganzem an, das deren Teilungsverhältnis auf ein Ganzes der Größe 100 bezieht, wobei 1 die Größe der normierten Teile ist. So ist etwa der Ausdruck 25 % keine *Zahl*, sondern ein *Verhältnis* zweier Zahlen, nämlich 25 : 100. Und wo immer die Aufforderung ergeht, 25 % einer anderen Größe zu ermitteln, ist eine entsprechende Teilung dieser Größe nach dem Maßverhältnis 25 : 100 vorzunehmen.

• Viele Schüler fassen dagegen 25 % wie eine *dimensionierte Zahl* auf, wie das folgende Beispiel belegt. Hier ist zwar richtig gerechnet, aber falsch gedacht:

25 % von 1200 = 300 %

• Größte Schwierigkeiten macht der Unterschied von *vermehrter* und *verminderter Hauptsumme*. Über 75 % der Testpersonen konnten eine einfache Sachaufgabe zur Prozentrechnung im Test nicht lösen. Hier war danach gefragt, wie hoch der Nettopreis eines Fahrrades ist, das inklusive 15 % Mehrwertsteuer 414 DM gekostet hat. Fast durchweg wurde der Steueranteil folgendermaßen ermittelt:

$$\frac{414 \cdot 15}{100}$$

Daß die 15 % auf die *gesuchte* Nettosumme aufgeschlagen werden, die als Hauptsumme zur Basis 100 fungiert, bleibt unklar. Die Bruttosumme wird deswegen auch nicht als die vermehrte Hauptsumme mit 115 % gleichgesetzt. Der Schüler denkt anders: Er faßt die Mehrwertsteuer als *Aufschlag* auf, den er wieder *abzuziehen* hat, um zur Nettosumme zurückzufinden. Dabei ist diese Überlegung sogar dann richtig, wenn vom *absoluten Betrag* dieser Vermehrung die Rede ist. Denn dann ist Aufschlag gleich Abzug, eben die Steuer in DM ausgedrückt. Nur prozentig betrachtet wird diese korrekte Überlegung *falsch:* 100 wird zwar zu 115, wenn man 15 % Zuschlag auf die Ausgangsgröße 100 berechnet. Aber im Gegenzug erhält man nicht aus der vermehrten Größe 115 die Ausgangszahl 100 zurück, indem man 15 % von 115 errechnet und abzieht, wie der Leser leicht nachrechnen kann. 115 entspricht ja auch gar nicht der normierten Bezugsgröße von 100 %, sondern ist die *vermehrte* Hauptsumme, die prozentig gesehen auf 115 % angewachsen ist. Anders der Schüler: Ihm gilt *jedes Ganze* als 100 %.

4.7 Vorzeichen und Rechenzeichen

Mit den negativen Zahlen betritt der Schüler ein schwieriges Feld der Mathematik, und gewiß ist das Spektrum der hier anzutreffenden Fehlertypen weit gefächert. Wir greifen nur ein Beispiel heraus, das sich noch im Vorfeld der negativen Zahlen bewegt und mit den eigentlichen Rechenoperationen und deren Schwierigkeiten nichts zu schaffen hat.

• Der Unterschied von *Rechen*zeichen und *Vor*zeichen ist Schülern nicht geläufig. Das führt zu Fehlern der folgenden Art:

$$-3x = 6 - 15, \text{ also}$$
$$3x = 6 - 15$$

So lautet eine typische Umformung. Der Schüler kennt die Zeichen + und – als Verknüpfung *zwischen* zwei Zahlen. Hier handelt es sich bei Plus und Minus um Zeichen für eine Rechenoperation. Als Vorzeichen, das dem absoluten Betrag einer Zahl eine vektorielle Richtung nach rechts oder links vom Nullpunkt des Zahlenstrahls zuweist, ist ihm die Sache nicht vertraut. Und da im Bereich der positiven Zahlen das Vorzeichen per Konvention weggelassen wird (+ 3 und 3 stehen für dieselbe Zahl), verfährt er mit dem Minuszeichen in der obigen Gleichung entsprechend. Das Minus vor der Zahl 3 stellt keine Verknüpfung mit einer anderen Zahl her, also – so der Fehlschluß – ist es irrelevant und kann weggelassen werden. Zahlreiche Gespräche mit Testpersonen haben diesen Befund bestätigt.

4.8 Gleichungen: der Begriff der Variablen und der Identität

• Die Variable

Die erste Schwierigkeit liegt für viele Schüler darin, den Begriff der *Variablen* richtig aufzufassen:

$$15 - 3x = 6$$
$$x = 6 - 15 + 3$$

$$3x + 2 = 14$$
$$3 + 9 + 2 = 14$$

So sehen zwei typische Umformungen aus dem Testergebnis aus. Beiden Fehlern ist gemein, daß sie den Term $3x$ nicht als *Produkt* zweier Größen auffassen, von denen die eine unbekannt, daher gesucht ist. Daß die Variable x eine *Zahl* repräsentiert, die in einem Term der linken Seite der Gleichung mit anderen Zahlen operativ verknüpft ist und zu einer Identität mit der rechten Seite führen soll, wird nicht durchschaut. Und zwar nicht deswegen, weil im Term $3x$ der Punkt als Rechenzeichen der Multiplikation fehlt. Er war in der Aufgabenstellung angegeben, wurde aber auch in der mündlichen Befragung als sinnlos erachtet. Denn in den Augen vieler Rechenfreunde macht die Multiplikation von «etwas» mit «etwas nicht vorhandenem» keinen Sinn.

x gilt dann folgerichtig als *räumlich*, nicht *arithmetisch* bestimmter Platzhalter, an dem alles störende Beiwerk eliminiert werden muß. So betrachtet, nimmt der Proband in der ersten Auflösung nicht das Produkt $- 3x$ wahr, sondern x als einen Ort, der um $- 3$ bereinigt werden muß. Daher addiert er 3 auf beiden Seiten der Gleichung und kommt zum falschen Ergebnis.

Analog verfährt die zweite Auflösung. Auch hier gilt $3x$ nicht als Produkt, sondern x als Platzhalter, dessen Verhältnis zu anderen Größen des Terms dem Pluszeichen entnommen wird, so daß sich der Fortgang $3 + 9 + 2 = 14$ aufdrängt. Daß zielstrebig die Addition als die gefragte Verknüpfung genommen wird, erklärt sich daraus, daß das Pluszeichen das einzige Operationszeichen ist, das in der Ausgangsgleichung explizit vorkommt. Interviews mit den Befragten haben dies bestätigt.

• Falsche Termumformung: «Auf die andere Seite bringen»
Zum zweiten verstoßen viele Lösungsversuche gegen den Begriff der *Identität,* der jeder Gleichung zugrunde liegt. Das Gleichheitszeichen behauptet ja, daß die beiden Seiten der Gleichung identisch sind. Ist in einer solchen Gleichung eine Variable x eingestellt, so kommt dies der Aufforderung gleich, eine bloß *verlangte* Identität dadurch zu einer *erfüllten* zu machen, daß die unbekannte Größe x passend gewählt wird. Der Weg besteht in Termumformungen mit dem Ziel, x auf einer Seite zu isolieren, um die Lösung zu erhalten. Diese Umformungen dürfen die Identität natürlich nicht verletzen. Also müssen geeignete Operationen zur Isolierung von x immer auf beiden Seiten der Gleichung durchgeführt werden. Hier sind gleich zwei Verfehlungen üblich. Die erste ist dem folgenden Testbeispiel zu entnehmen:

$$15 - 3x = 6$$
$$3x = 6 + 15$$

Beachten wir den Vorzeichenfehler bei 3 x zunächst nicht, so verstößt diese Lösung offenkundig gegen den oben erläuterten Gleichheitsgrundsatz: 15 wird auf der linken Seite *subtrahiert,* auf der rechten *addiert.* Trotzdem meint der Schüler, alles richtig gemacht zu haben. An die Stelle des unbegriffenen Verfahrens korrekter Termumformung hat er eine Merkregel aus dem Unterricht gesetzt, die er nun mechanisch, d.h. falsch anwendet: Um x zu isolieren, muß man «15 auf die andere Seite bringen», so heißt es. Und das hat er ja wohl getan: Die 15 ist links verschwunden, dafür steht sie jetzt rechts.

Man würde den Fehler verkennen, wollte man ihn als bloßen Vorzeichenfehler abtun, der auf der rechten Seite zu + 15 statt − 15 führt. Was als Vorzeichenfehler erscheint, ist in Wahrheit die Folge davon, daß der Schüler eine Zahl von einer Seite auf die andere «transportiert», statt eine *zweiseitige* Rechenoperation durchzuführen, die das gewünschte Resultat wirklich hervorbringt.

• Falsche Termumformung: «Man muß x isolieren»
«Man muß x isolieren», so lautet für gewöhnlich eine zweite kurzgefaßte Merkregel im Unterricht. Diese will das *Ziel* aller rechnerischen Bemühungen formulieren, wohingegen die soeben betrachtete erste Variante − «Eine Zahl auf die andere Seite bringen» − sich dazu wie die Angabe des *Weges* verhält. Auch Merkregel zwei führt zu merkwürdigen Verfehlungen der folgenden Art:

$$15 - 3x = 6$$
$$3x = 6$$

Vom Vorzeichenfehler bei $3x$ wieder abgesehen, wurde hier die Subtraktion von 15 nur auf der linken Seite durchgeführt. Allerdings wieder in der Überzeugung, eine Regel angewandt zu haben, nämlich diese: «Man muß x auf einer Seite isolieren.» Und an dieser Isolation arbeitet sich der Schüler dadurch ab, daß er sie natürlich auf *der* Seite der Gleichung betreibt, auf der x steht. Die gleichgerichtete Operation auf der anderen Seite hat für ihn keinen Sinn. Daß dadurch die im Gleichheitszeichen gesetzte Identität verletzt wird, fällt ihm nicht auf, weil für ihn die kurzgefaßte Merkregel nicht für ein wirkliches Gesetz steht (Isolierung von x durch *gleiche* Termumformungen auf *beiden* Seiten), sondern *an die Stelle* dieses Satzes getreten ist.

4.9 Sachaufgaben: mathematische Abstraktion und Konkretion

Prinzipiell scheitern viele Schüler bereits daran, aus einer konkreten sachlichen Problemstellung das quantitative Verhältnis von Größen zu erschließen, das überhaupt einer mathematischen Behandlung zugänglich ist. Die Hindernisse, die dabei auftreten, sind vielfältiger Art.

Von der Formulierung zur Veranschaulichung eines Sachverhalts

Die Schwierigkeiten nehmen ihren Auftakt bereits damit, daß die sprachlich formulierte Problemstellung nicht verstanden wird. Die Hürden liegen näher betrachtet darin, den in sprachlicher Form präsentierten Sachverhalt als *Verhältnis von Quantitäten* zu erfassen, das von einem gesetzmäßigen Zusammenhang bestimmt ist: «Eingekleidete Aufgaben müssen erst entkleidet werden. Es ist ein weitverbreiteter Irrtum, daß man meint, das Herausschälen der Rechenaufgabe aus der eingekleideten Aufgabe sei eine leichte, sich von selbst ergebende Aufgabe.» (Gieseler & Petri: Methodik für den Unterricht im Rechnen und in der Raumlehre. Leipzig 1911, zitiert nach Radatz 1990, 17)

Vielen Lernenden mißlingt es, aus der Aufgabenstellung eine bildhafte Vorstellung zu gewinnen, die sich in Gestalt von Skizzen und Zeichnungen niederlegen ließe und an denen sich die in Rede stehenden Quantitäten symbolisch bezeichnen und aufeinander beziehen lassen. Ein treffendes Beispiel zur Verdeutlichung dieses Vorgangs ist die folgende Lösungsstrategie, die zum Erfolg führt: «Die Aufgabe ‹Ein Vater gibt seinen zwei Söhnen jede Woche Taschengeld. Nachdem beide 20 DM gespart hatten, legte der Ältere jede Woche 3 DM zur Seite, der Jüngere

1 DM. Nach wieviel Wochen hat der ältere Sohn doppelt soviel gespart wie sein Bruder?› soll gelöst werden (und der Leser sollte dies für sich versuchen). Der betreffende Schüler visualisierte anfangs zwei Sparbüchsen, die jede 20 DM enthielten, verwarf aber dieses ‹Bild›, da es nicht genug Möglichkeiten enthielt, die Lösung zu erhalten: ‹Ich kann nicht klar sehen, wie das Geld in den Büchsen addiert wird›, sagte er und ‹änderte› das Problem. Anstelle der Sparbüchsen sah er das Bild von zwei rennenden Jungen. ‹Sie rennen beide zwanzig Abschnitte auf der Straße, die durch weiße Linien markiert ist. Einer fängt an abzufallen: Während der erste drei Abschnitte läuft, läuft der andere nur einen.› Hier hält er in der Beschreibung seines Lösungsversuchs inne und gibt die Antwort ‹zwanzig Wochen›». (Lorenz 1992, 97)

In der Tat, die Lösung stimmt, wie der Leser sicher nachprüfen kann. Aber noch bemerkenswerter ist der Lösungsweg: Er macht die sich addierenden Geldbeträge «sichtbar» durch ihre Übersetzung in Strecken unterschiedlicher Länge, deren Verhältnis zueinander damit in der Vorstellung anschaulich wird.

Insbesondere bei Aufgaben, die ganz ohne Einkleidung von quantitativen Verhältnissen in konkrete Handlungen oder Sachverhalte auskommen, ist diese Vorgehensweise für Schüler von Bedeutung:

«Yaroshchuk (1969, 71 f) berichtet von dem Lösungsversuch eines Schülers bei der Aufgabe ‹Teile 299 in zwei Zahlen, so daß die zweite um 19 größer ist als die erste.› Nachdem er die Aufgabe gelesen und etwas darüber nachgedacht hat, sagt er: ‹Ich kann die Aufgabe mit Zahlen nicht lösen.› Es entwickelt sich folgender Dialog (L: LehrerIn, S: Schüler; Übers. J. H. L.):

L: Nimm irgendwelche Dinge.

S: Was für Dinge soll ich nehmen?

L: Was du willst; nimm die Sachen, die dir am vertrautesten sind.

S: Was für Sachen?

L: Irgendwas, auch von deinem Tisch.

S: Hefte... (unsicher)

L: Sehr gut. Wir haben also 299 Hefte, und es wird gesagt, daß wir diese teilen müssen...

S: Wir müssen 299 Hefte in zwei Zahlen teilen, so daß... Wie können wir das in eine Zahl teilen? (Pause)

L: Ja, wir können Hefte nicht in eine Zahl teilen. Aber du kannst vielleicht Hefte teilen.

S: In zwei Reihen oder für zwei Klassen... Ah! Jetzt weiß ich, wie ich das Problem lösen kann.

L: Wie?

S: Es kommt heraus, daß ich die 299 Hefte zwischen den zwei Klassen so aufteilen muß, daß die zweite Klasse 19 Hefte mehr hat...» (Yaroshchuk 1969, zitiert nach Lorenz 1992, 133)

Der Schüler kämpft mit folgender Schwierigkeit: Ein Teilungsprozeß, wie er in der Aufgabe angesprochen wird, ist ihm von der Division in der Weise vertraut, daß die Durchführung der Teilung das Ergebnis hervorbringt. *Diese* Teilungsoperation aber liegt nicht vor: 299 ist nicht einfach durch 2 zu dividieren, weil die Teile ja nicht gleich groß werden, sondern sich um 19 unterscheiden sollen. Deswegen geraten in der Vorstellung des Schülers *Weg* und gewohntes *Resultat* in Konflikt. Der Weg der Zerlegung in ungleiche Teile operiert mit *zwei* Größen, wohingegen der Schüler gewohnt ist, daß eine Aufteilung oder Division ein Ergebnis in Gestalt *einer* Zahl zeitigt. Diese Verwirrung drückt sich auch sprachlich im obigen Dialog aus: 299 Hefte möchte er in «zwei Zahlen teilen» und fragt sich zugleich, wie man «das in eine Zahl teilen kann». Erst die bildhafte Vorstellung, einen Stapel Hefte auf zwei Klassen aufzuteilen, löst für ihn diese Verstrickung auf.

Was ist gesucht, was gegeben?

Eine weitere Klippe liegt darin, einer Aufgabe zu entnehmen, was eigentlich das *Gesuchte* ist. Nicht jede Größe, die in einer Aufgabe angesprochen wird, ist deswegen schon die gesuchte, wiewohl Lernende mitunter so verfahren. Das mangelnde Unterscheidungsvermögen rührt daher, daß der in der Aufgabe vorgestellte Sachverhalt gar nicht begriffen wurde. Erst dadurch würde ja der alles entscheidende Unterschied zwischen Gesuchtem und Gegebenem deutlich.

Entsprechend ist das Unvermögen verbreitet, das *Gegebene* in einer Sachaufgabe korrekt zu ermitteln, und zwar aus dem gerade genannten Grund. Was also ist gegeben? Schüler neigen nicht selten zu der tautologischen Antwort: Alles, was nicht gesucht ist. In die Irre geht diese Antwort deshalb, weil es darauf ankommt, die für das Gefragte *bedeutsamen* Gegebenheiten aufzusuchen und vom Rest zu scheiden. Nicht alles, was gegeben oder bekannt ist, muß schon um dessentwillen für die Ermittlung der gesuchten Größe von Belang sein.

Das mangelnde Unterscheidungsvermögen in dieser Frage überspielen Schüler oft damit, alle Zahlenangaben, deren sie habhaft werden können, in Rechenoperationen zusammenzuschließen. Das belegt das folgende elementare Beispiel aus der Übungspraxis mit Kindern:

«Die Aufgabe lautet: ‹Peter verdient 3 DM am Tag. Er arbeitet 2 Tage. Wieviel Geld verdient er insgesamt?› Aufschlußreich ist die Begründung, man habe 2 + 3 gerechnet.» (Schöninger 1991, 138 f)

Das Kind hat offenbar seine Aufmerksamkeit gar nicht auf die Erfassung des vorliegenden Sachverhalts gerichtet. Deswegen bleibt auch im dunkeln, daß die gegebenen Größen von 3 DM und 2 Tagen von unterschiedlicher Maßeinheit sind und als Produkt zu verknüpfen wären, dem die Einheit DM zukommt, weil nach einem Gesamt*verdienst* gefragt ist. Statt dessen werden einfach die in der Aufgabe sichtbaren Zahlzeichen zu einer Rechenoperation kombiniert, die wohl nur deswegen die Addition ist, weil diese am leichtesten fällt: «Textaufgaben stellen insofern eine besondere Schwierigkeit dar, als im Gegensatz zu schlichten Rechenaufgaben die Entscheidung über die auszuführende Operation verlangt wird. Dies führt rechenschwache Schüler häufig dazu, die in der Aufgabe enthaltenen Ziffern zu kombinieren.» (Lorenz/Radatz 1993, 34)

Wie lautet der mathematische Zusammenhang der Größen?

Sind diese Schwierigkeiten gemeistert, besteht die nächste Hürde darin, zwischen den gegebenen und gesuchten Größen einen *gesetzmäßigen Zusammenhang* zu erschließen oder auf einen solchen zurückzugreifen. Das wird beispielsweise dann der Fall sein, wenn es um geometrische oder physikalische Problemstellungen geht, denen mathematische Formeln zugrunde liegen. Die Probleme aber beginnen längst davor.

Schüler aus dem A-Kurs der Orientierungsstufe hatten mit der nachstehenden Aufgabe erhebliche Schwierigkeiten:

«‹In einem Wald werden 250 neue Bäume gepflanzt. Einige Wochen später werden 100 alte Bäume abgeschlagen. Jetzt stehen im Wald noch insgesamt 1200 Bäume. – Wie viele Bäume waren es vor dem Pflanzen der neuen Bäume?›

Nur 50,8 % von 63 Fünftkläßlern (Orientierungsstufe, A-Kurse) kamen zu einer richtigen Lösung. Die häufigsten Fehleransätze:

- $250 + 100 = 350, 1200 - 350 = 850$;
- $250 - 100 = 150, 150 + 1200 = 1350$
- $1200 - 250 = 950, 950 - 100 = 850$» (Radatz 1990, 25)

Den Schülern gelingt es nicht, die gegenläufigen Prozesse des Vermehrens und Verminderns, welche im Pflanzen und Abschlagen von Bäumen angesprochen sind, mathematisch korrekt abzubilden. So *addiert* der erste Lösungsansatz einfach beide Vorgänge zu einem gewachsenen Bestand, der vom Endbestand subtrahiert wird. Der zweite Ansatz errechnet zwar korrekt den Zuwachs, der sich nach dem Anpflanzen und Fällen einstellt. Aber dieser wird fälschlicherweise zum Endbestand addiert, statt diesen darum zu bereinigen, um den gefragten Anfangsbestand zu ermitteln. Der dritte Versuch umgeht diesen Fehler und will vom Endbestand auf den Anfangsbestand zurückrechnen, fällt dabei aber auf den Irrtum des ersten Ansatzes zurück: Abschlagen und Pflanzen werden wie mathematisch *gleichgerichtete* Prozesse betrachtet und vom Endbestand subtrahiert.

Eine Aufgabe und zwei Lösungsansätze: eine exemplarische Analyse

Selbstverständlich treten die bis hierher analysierten Schwierigkeiten nicht immer isoliert auf. Insbesondere bei komplexeren Aufgaben ist eine Häufung der skizzierten Fehlleistungen zu bemerken. Wir analysieren abschließend ein Beispiel aus dem von uns zitierten Rechentest, den wir mit Jugendlichen durchgeführt haben. Es verdient schon deswegen eine ausführliche Betrachtung, weil sich daran zeigt, wie tiefgreifende grundsätzliche Mißverständnisse bezüglich des Charakters der Mathematik zu falschen Lösungsstrategien führen.

Folgende Aufgabe war zu lösen:

Aufgabe:
Eine Konservendose hat einen Innendurchmesser von 100 mm. Sie soll so abgeschnitten werden, daß sie einen halben Liter Öl faßt. Welche Höhe muß sie dann haben?

Vor der Lösung ist ein Blick auf die Schwierigkeiten ratsam, die diese Aufgabe enthält.

• Zunächst muß der Lernende durchschauen, daß die zur Debatte stehende Dose geometrisch gesehen ein Zylinder ist. Dessen Grundfläche ist ein Kreis, die Mantelfläche ein Rechteck, dessen eine Kantenlänge die Höhe vorstellt.

• Auf dieser Grundlage ist zu erschließen, daß mit dem angegebenen Durchmesser der Dose zugleich mehr bekannt ist: Die Grundfläche läßt sich mit der Kreisformel berechnen, so man auf diese Kenntnis zurückgreifen kann.

• Verfügt der Schüler auch noch über das Wissen, wie man das Volumen eines Zylinders berechnet, dessen Grundfläche bekannt ist, so läßt sich daraus ein Ansatz für den Doseninhalt gewinnen, in dem die Höhe h die gesuchte Größe ist. Das Volumen selbst ist ja mit 0,5 Litern vorgegeben.

• Damit ist aber schon die nächste Klippe benannt: Es geht in Wahrheit ja nicht um die Berechnung eines Dosenvolumens, sondern vermittels der Formel für dieses gegebene Volumen um die Ermittlung der Höhe, auf die die Dose zugeschnitten werden muß. Nicht nur die Anwendung, sondern auch die Umstellung einer Gleichung ist also verlangt.

• Ein wesentliches Problem besteht darin, daß die Maßeinheiten in dieser Aufgabe zunächst nicht von derselben Dimension sind. Der Durchmesser ist in mm, das Dosenvolumen in Litern angeben. Um diese Größen kommensurabel zu machen, ist wieder der Rückgriff auf diesbezügliche Kenntnisse erforderlich. Daß $1 \, l = 1 \, dm^3$, sollte dem Lernenden ebenso geläufig sein wie der Sachverhalt, daß $1 \, dm = 10 \, cm = 100 \, mm$ sind.

• Schließlich sei noch auf eine semantische Falle hingewiesen: In der Aufgabe ist die Rede von einem «halben Liter». Der bloße Umstand, daß diese Größe nicht als Zahlenangabe auftaucht, verleitet viele Kandidaten dazu, darüber hinwegzulesen und die ganze Angabe zu ignorieren.

Wir geben nun kurz die Lösung der Aufgabe, bevor wir einige Lösungsansätze der getesteten Personen vorstellen.

Lösung:
Es ist ratsam, den Sachverhalt zunächst in einer Skizze festzuhalten, an der sich die gegebenen und gesuchten Quantitäten in ihren Verhältnissen betrachten lassen.

Skizze

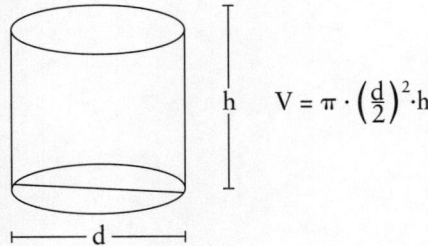

$$V = \pi \cdot \left(\frac{d}{2}\right)^2 \cdot h$$

Es gilt also für das Volumen V:

$$\pi \cdot \left(\frac{d}{2}\right)^2 \cdot h = 500\,000 = V$$

$$\pi \cdot \left(\frac{100}{2}\right)^2 \cdot h = 500\,000$$

$$\pi \cdot 2500 \cdot h = 500\,000$$

$$h = \frac{500\,000}{2500 \cdot \pi}$$

$$h = \frac{200}{\pi} = 63{,}7$$

Dabei ist die Angabe «ein halber Liter» als 500 000 Kubikmilli-meter ausgedrückt worden, was der Dimensionierung des Durchmessers von 100 Millimetern entspricht. Die Dimensions-angaben sind in der durchgeführten Rechnung weggelassen.

Wird also die Dose bei einer Höhe von 63,7 mm oder umge-rechnet 6,37 cm abgeschnitten, so faßt sie gerade den verlangten halben Liter.

Wir betrachten nun zwei Lösungsansätze, die wir jeweils un-gekürzt wiedergeben.

Lösungsansatz 1:

$$V = \frac{d^2 \pi}{4} h$$

$$= \frac{100^2 \pi}{4} \cdot 100$$

$$= \frac{10000 \pi}{4} \cdot 100$$

$$= \frac{31400}{4} \cdot 100$$

$$= 785\,500 \text{ mm}^3$$

Randnotiz: Die Dose ist jetzt doch schon hoch genug, um 0,5 Liter Öl zu fassen.

An diesem ersten Ansatz ist zunächst bemerkenswert, daß er die Größen, die gegeben sind, richtig erfaßt. Dann werden im zwei-ten Schritt der bekannte Durchmesser und das vorgegebene Vo-lumen zur Formel für das Zylindervolumen richtig in Beziehung gesetzt. Auch der geistige Rückgriff auf diese Kenntnisse aus der Geometrie macht dem Schüler keine Schwierigkeiten. Selbst die einheitliche und korrekte Dimensionierung des Durchmessers, der in Millimetern angesetzt wird, und des Volumens, das im letzten Rechenschritt korrekt in Kubikmillimetern ausgedrückt ist, gelingt problemlos. Von geringem Gewicht ist dagegen die Ungenauigkeit, daß die Rechnung in undimensionierten Zahlen ausgeführt wird und das Resultat doch als Maßzahl festgehalten wird. Die Notation ist zwar unkorrekt, gedacht wurde aber in dieser Beziehung richtig. Bis hierher handelt es sich um eine vergleichsweise beachtliche Leistung der Testperson.

Ein scheinbar läßlicher Fehler schleicht sich in Rechenschritt zwei ein. Obwohl h die *gesuchte*, also erst noch zu errechnende Größe ist, wird sie als *bekannt* in die Gleichung eingestellt, und zwar mit 100, also der Größenangabe des Durchmessers in Millimetern.

Dieser Fehler zeitigt natürlich Konsequenzen. Auf diese Weise wird nun ein bei gegebener Höhe *vorhandenes* Volumen berechnet, statt aus dem *verlangten*, also erst noch herzustellenden Volumen auf die dazu nötige Höhe der Dose zu schließen. Diese Verwechslung löst beim Rechner eine gehörige Portion Verwunderung aus, wie sich schlagend in seiner Randnotiz zeigt: «Die Dose ist jetzt doch schon hoch genug, um 0,5 Liter Öl zu fassen.»

Warum also die Dose verändern, wenn sie den Zweck bereits erfüllt, muß er sich gedacht haben. Nebenbei bemerkt operiert dieser Irrtum sogar noch mit einem korrekten Größenvergleich zwischen zwei Volumina. Denn stillschweigend ist darin das Volumen von 0,5 Litern in $500\,000$ mm^3 übersetzt und mit dem Resultat von $785\,500$ mm^3 verglichen worden.

Bei Fehltritten dieser Art ist man schnell geneigt, von einer kleinen Nachlässigkeit oder Flüchtigkeit eines ansonsten beschlagenen Rechners auszugehen. Zugegebenermaßen verfügt dieser Schüler ja auch über Kenntnisse aus der Geometrie, die ihm sogar als Formel präsent sind, und die korrekte Dimensionierung ist ihm auch vertraut.

Dennoch, eine Befragung des Kandidaten im Anschluß an den

Test zeigt, daß hier ein tiefsitzendes Mißverständnis am Werk war. Der Irrtum, die gesuchte Höhe als gegeben zu betrachten und in die Formel einzusetzen, rührt nämlich von einer sehr prinzipiellen und falschen Auffassung des Schülers über Formeln her. Auf die Frage, warum er in Schritt zwei der Rechnung auf der rechten Seite seiner Gleichung für h 100 einsetzt, obwohl h die gesuchte Größe ist, antwortet der Schüler: «Bei Formeln muß man rechts Zahlen einsetzen, dann bekommt man links das Ergebnis.»

Daß er zielstrebig auf die Zahl 100 für die Höhe h verfällt, ist ein Fehltritt, der den Probanden noch einmal als guten Rechner ausweist: 100 mm ist schließlich eine im Text vorkommende *Längen*angabe, die also der Einheit nach im Unterschied zum angegebenen Volumen zu h paßt.

Nehmen wir zum besseren Verständnis der zitierten Antwort die Formel für das Zylindervolumen:

$$V = \pi \left(\frac{d}{2}\right)^2 h$$

Das Volumen V ist das Produkt aus Grundfläche, die in diesem Fall ein Kreis ist, und Höhe h des Zylinders. In der Tat: Hat man es mit einem Zylinder zu tun, dessen Durchmesser und Höhe bekannt sind, so kann man diese Größen rechts in die Formel für d und h einsetzen und erhält dann links das Volumen V. Nur: Dieses Ergebnis zeitigt die Formel nur deswegen, weil sie einen *gesetzmäßigen quantitativen Zusammenhang* zwischen den Größen Durchmesser, Höhe und Volumen in Form einer Gleichung angibt. Dieser Zusammenhang gilt auch dann, wenn in der Notation der Gleichung etwa rechte und linke Seite vertauscht würden. Dieses Gesetz gilt nicht nur in dem Sinne, daß man es an einem vorfindlichen Zylinder wie etwa der in Rede stehenden Dose messend und rechnend nachvollziehen kann. Es erlaubt sogar, *Schlußfolgerungen* zu ziehen. Wann immer zwei der drei Größen in der Gleichung bekannt sind, läßt sich mittels einer Umformung der Gleichung die dritte Größe errechnen. Aus Durchmesser und Höhe gewinnt man das Volumen, aus Volumen und Durchmesser die Höhe und schließlich aus Volumen und Höhe den Durchmesser. Dabei ist die erste Form, die das Volumen aus den beiden anderen Faktoren bestimmt, die Normalform der Notation der Gleichung. Das hat auch seine Richtigkeit, weil man die Größen Durchmesser und Höhe mit den üblichen Hilfsmitteln der ebenen Geometrie wie Lineal und Metermaß messen kann, wohingegen das Volumen berechnet werden muß. So ist auch in Formelsammlungen im Regelfall immer die Normalform der Gleichung anzutreffen.

Der grundsätzliche Fehler, der sich bei diesem Schüler über das Wesen der Formel festgesetzt hat, besteht darin, daß er ein *Gesetz* mit einer *Rechenanweisung* verwechselt, der er obendrein auch noch einen Inhalt gibt, der nur in *einem* Fall zu einem korrekten Umgang mit der Formel führt. Das von ihm selbst formulierte Rezept, rechts Zahlen einzusetzen, um links ein Resultat zu erhalten, führt eben nur dann nicht zu einer unsachgemäßen Handhabung der Formel, wenn Durchmesser und Höhe gegeben sind und das Volumen gesucht ist. Dann und nur dann lassen sich rechts für d und h die entsprechenden Werte einsetzen, um V zu ermitteln. Der Kandidat hält aber die Vorgehensweise in diesem *einen* Fall für das Prinzip der Formel schlechthin. Deswegen irritiert ihn zu Recht, daß eine Größe h, die er für seine Einsetzung auf der rechten Seite braucht, nicht gegeben ist. Also behilft er sich damit, daß er die für seine Einsetzung unerläßliche Zahl für h selbst festsetzt. Und um sich mit diesem Willkürakt nicht von der Aufgabenstellung zu entfernen, imaginiert er diese Größe nicht, sondern adaptiert eine in der Aufgabe enthaltene Zahlenangabe, nämlich den Durchmesser von 100 mm.

Mißverständnisse dieser Art werden durch allerlei «Eselsbrücken» im Schul- und Förderunterricht unterstützt, mitunter sogar erzeugt. Nicht selten begegnen Schüler mathematischen Gesetzen und Gleichungen mit der Frage: *« Wozu ist das gut?»* Das Bedürfnis, ein auf den ersten Blick undurchschaubares Stück Mathematik geistig einzuordnen, interessiert sich dabei weniger dafür, was eine Formel *ist*, als vielmehr an einer möglichen *Nutzanwendung* derselben. Etliche Pädagogen gehen in motivierender Absicht auf dieses Bedürfnis so ein, daß sie an die Stelle der *Erklärung* solcher Gleichungen *Anwendungen* setzen, in denen der Schüler von der Nützlichkeit von allerlei merkwürdigen Formeln dadurch überzeugt wird, daß sie aus gegebenen Größen eine gesuchte ermitteln. Und um den Lernenden hier im Umgang mit verschiedensten fremdartig anmutenden Gebilden sattelfest zu machen, ergeht die aufmunternde Hilfestellung an ihn, daß der Umgang mit solchen Formeln ganz leicht sei, weil man nur «auf der rechten Seite Werte einsetzen muß, damit man auf der linken ein Ergebnis erhält». Der Eindruck, der sich auf diese Weise bei Schülern festsetzen kann, auch wenn das so gar nicht beabsichtigt war, faßt sich in zwei falschen Merksätzen zusammen: Erstens hält der Lernende Gleichungen und Formeln fortan für ein Rezept, das erdacht wurde, *um* rechnen zu können. Und zweitens merkt er sich die Rezeptur auch noch *falsch*, weil er den oben besprochenen *singulären* Fall, in dem sein Vorgehen wenigstens zum rechnerisch richtigen Ergebnis führen würde, als *allgemein* annimmt und damit künftige Fehler vorprogrammiert.

Das hat weitreichende Folgen, wie der nächste Lösungsversuch derselben Aufgabe deutlich macht.

Lösungsansatz 2:

$1 \, l = 100 \, cm^3 = 10 \, dm^3$

$100 \cdot 100 = 10\,000$

$$\frac{1}{2} \cdot \frac{1}{2} =$$

(Diese Rechnung wird wieder durchgestrichen.)

$$b = \sqrt{c^2 - a^2}$$
$$= \sqrt{100^2 - \left(\frac{1}{2}\right)^2}$$
$$= \sqrt{?}$$

Diesem Ansatz ist anzumerken, wie er sich mit der Dimensionierung der verschiedenen Größen abmüht. Die Einsicht, die Größen in kommensurablen Maßeinheiten auszudrücken, ist durchaus vorhanden. Der Schüler möchte Liter in dm^3 angeben, um ein metrisches Maß zu erhalten, das mit der Angabe des Durchmessers in Einklang zu bringen ist.

Ebenso ist eine Ahnung vorhanden, daß man die gegebenen Größen einer Aufgabe aufzusuchen hat, um mit diesen dann Rechenoperationen auszuführen, die auf die gesuchte Größe zielen. Aber seine diesbezüglichen Versuche stimmen den Testkandidaten nicht zufrieden. Mehr, als daß überhaupt mit Zahlen gerechnet wurde, kann auch er offenbar seinen beiden Schritten am Anfang nicht entnehmen. Und warum er dort so und nicht anders gerechnet hat, scheint auch ihm unklar zu sein. Die Sache hat einfach «kein System». Also verwirft er den ersten Anlauf und streicht ihn wieder durch.

Dann aber kommt der rettende Einfall: eine Formel! In einem ebenso wüsten wie unvermittelten Rückgriff auf eine quadratische Gleichung, die nach dem Gesetz des Pythagoras aussieht, findet nun doch eine Rechnung statt. Der Kandidat hat sich vermutlich zu seiner großen Erleichterung an den pythagoräischen Lehrsatz aus der Geometrie erinnert, nach dem in einem rechtwinkligen Dreieck die Summe der Kathetenquadrate dem Quadrat über der Hypotenuse gleich ist:

$$a^2 + b^2 = c^2$$

Diese Formel wird mit den Zahlenangaben der Aufgabenstellung bestückt. Für c setzt er 100, die Größe des Durchmessers, ein, für a die Zahl $\frac{1}{2}$, die in der Aufgabe das verlangte Volumen angibt. Der geringste Fehler besteht darin, daß die Rechnung unter dem Wurzelzeichen in einem hilflosen Fragezeichen endet. Denn an diesem Lösungsansatz ist der gesamte Rechen*weg* Beleg für eine tiefliegende Fehlstrategie, die sich jenseits des Operierens mit Zahlen bewegt.

Warum erfolgt der so verkehrte, aber in den Augen des Schülers rettende Rückgriff auf den Satz des Pythagoras, der von rechtwinkligen Dreiecken und nicht von Durchmessern, Kreisen und Zylindern handelt? Die verblüffende Antwort der Testperson auf diese Frage lautet: «Ohne Formel kann man nicht rechnen!»

Man sieht, wie das im ersten Lösungsansatz besprochene Mißverständnis bezüglich mathematischer Gesetze hier seine schöpferische Fortsetzung findet. Für diesen Kandidaten ist die Tatsache, daß man eine Rechenoperation mit Zahlen ausführen kann, nicht die *Folge* einer in der Formel zusammengefaßten gesetzmäßigen Beziehung zwischen verschiedenen Größen, sondern der *Grund*, warum Formeln nötig sind. Formeln gibt es, *damit* man rechnen kann, so lautet die verkehrte Devise. Damit wird dem Gesetz, das in der formelhaften Gleichung zusammengefaßt ist, seine objektive Gültigkeit bestritten. Statt dessen avanciert es zu einem rein subjektiven, gleichwohl nützlichen Einfall, der es erlaubt, mit Zahlen, die in keinem für den Kandidaten erkennbaren Zusammenhang stehen, nach einem Schema zu rechnen.[5]

Diese falsche Sicht der Dinge ist das *Prinzip*, das in diesem zweiten Lösungsansatz zur Anwendung gelangt und auf den ersten Blick nach purer Willkür aussieht. *Daß* der Schüler ohne jede inhaltliche Vermittlung zur Aufgabenstellung auf eine Formel zurückgreift, ist nämlich keineswegs willkürlich, sondern folgt konsequent aus dem genannten Prinzip. Willkürlich an diesem Vorgehen ist nur, *welche* Formel er zum Einsatz bringt. Hier hätte eine Anleihe etwa bei den binomischen Formeln die gleichen, leider verkehrten Dienste erwiesen.

Weil dies so ist, löst diese Fehlstrategie nicht selten die falsche Interpretation durch Didaktiker und Pädagogen aus, hier läge überhaupt kein prinzipieller Fehler vor, weil der Schüler lediglich ungetrübt von jeder Sachkenntnis *geraten* und sich dabei eben vertan hätte. Und das geht an der Sache vorbei, wie man gesehen hat.

5. Wie man Rechenfehlern auf die Spur kommt: Diagnostik

Aus den bisherigen Ausführungen ergibt sich, daß das Aufspüren von Fehlern weitergehende Anstrengungen erfordert, als fehlerhafte Ergebnisse durchgerechneter Aufgaben zu ermitteln: «Systematische Lerndiagnosen, die die entscheidenden, oft weit zurückliegenden Stellen aufspüren können, gibt es kaum. Das ist der Grund für die oft beklagte mangelnde Effektivität der meisten Förderkonzepte: Es wird an Symptomen gearbeitet, an Schwächen, die der Schüler gerade in der letzten Klassenarbeit zeigte, aber die Ursachen der Fehler werden nicht beseitigt.» (Viet 1982, 19)

Dies ist der erste Gesichtspunkt, der bei der Fehlerermittlung zu berücksichtigen ist. Ein weiterer kommt hinzu. Denn wie wir in Kapitel 2 dieses Abschnitts an einem typischen Beispiel gesehen haben, können *falsche* Denk- und Rechenstrategien zu durchaus *richtigen* Ergebnissen führen, zumindest in einer gewissen Anzahl von Fällen. Die Fehlersuche darf aus diesem Grund nicht ausschließlich *ergebnis*orientiert betrieben werden, sondern bedarf weiterer Hilfsmittel, um zum Erfolg zu kommen.

Es sind im wesentlichen drei Instrumente, die für eine gediegene Überprüfung des mathematischen Kenntnisstandes von Bedeutung sind.

Erstens empfiehlt sich die Durchführung eines *Rechentests*, der so konzipiert ist, daß nicht nur der aktuelle Unterrichtsstoff und letzte Wissensstand einer Testperson auf dem Prüfstand stehen. Vielmehr sollten auch vorgelagerte Elementaria der Mathematik in den Test eingehen. Denn auch auf diesen vorgängigen Feldern können sich falsche Denkmuster und Strategien eingeschlichen haben, die sich an späterer Stelle geltend machen. Wer beispielsweise die Bruchrechnung nicht verstanden hat, wird schon deswegen an Bruchgleichungen mit einer Variablen scheitern, nicht weil ihm der Umgang mit einer unbekannten Größe Schwierigkeiten bereiten muß, sondern weil die Behandlung rationaler Zahlen nicht beherrscht wird.

Zweitens muß jeder Rechentest um eine *mündliche Befragung* der getesteten Personen ergänzt werden. Auch dies ergibt sich zwingend aus dem oben Gesagten. Denn der verkehrte Rechen-*weg* ist ja dem Rechenergebnis nicht in jedem Fall anzusehen, schon gar nicht dann, wenn sich die falsche Strategie in einem richtigen Ergebnis niedergeschlagen hat. Also müssen die Kandidaten nach ihren Denkmustern befragt werden, die einzig und allein Aufschluß über den Kenntnisstand und etwaige Mängel geben können.

Drittens schließlich zeigen Lernende mit erheblichen Rechenmängeln *typische Verhaltensweisen,* die sich nicht nur im Unterricht, sondern auch beim gesonderten Üben mit Freunden und Eltern äußern.

5.1 Das Instrument des Rechentests: Möglichkeiten und Grenzen

Es versteht sich von selbst, daß nicht *ein* Rechentest für *alle* Testpersonen das passende Instrument sein kann. Das Repertoire der Aufgabenstellungen muß sich nach dem jeweils erreichten Wissensstand richten. Dabei ist allerdings eine Einschränkung zu machen. Zwar ist es sinnlos, einen Grundschüler mit Bruchgleichungen oder gar Integralen zu behelligen. Hier ist der Kenntnisstand zugleich die Schranke nach oben bezüglich der Testaufgaben. Keineswegs aber sollte man elementarmathematische Fragestellungen bezüglich Ziffer, Zahl und arithmetischen Grundoperationen aus einem Test verbannen, der etwa Abiturienten gilt. In diesem Fall sollte das mathematische Bildungsniveau nicht als Schranke nach unten bezüglich der Aufgaben fungieren. Es zeigt sich nämlich in der Praxis häufig, wie oben bereits erwähnt, daß sich Denkfehler, die sich ein Kandidat auf einem elementaren Feld des Rechnens zu eigen gemacht hat, in nachgelagerten Disziplinen geltend machen.

Im Anhang dokumentieren wir einen Rechentest, den wir eigens für die Untersuchung Jugendlicher in der Ausbildung entwickelt haben. Er bezieht sich auf einen mathematischen Kenntnisstand, der dem Unterrichtsstoff der letzten Hauptschulklassen oder auch dem Niveau der Real- und Berufsschule entspricht. Im Anschluß an den Rechentest findet sich eine Erläuterung, auf welche spezifischen Fehlertypen und verkehrten Denkstrategien die jeweiligen Aufgaben des Tests abstellen.

5.2 Befragung und lautes Vordenken: Hilfsmittel einer nicht ausschließlich *ergebnisorientierten* Fehlersuche

Dabei sollte sich das Gespräch mit den Kandidaten vernünftigerweise nicht ausschließlich auf die Lösungen und Lösungsschritte konzentrieren. Die Gesprächsstrategie sollte mindestens die folgenden vier Gesichtspunkte beachten.

Erstens ist es insbesondere bei Text- und Sachaufgaben ratsam, den Schüler die gestellte *Aufgabe in eigenen Worten wiederholen* zu lassen. Hier zeigt sich nicht selten ein auffälliges Unvermögen, den Sachverhalt selbständig zu reproduzieren. Ein deutlicher Hinweis darauf, daß die Schwierigkeiten eines solchen Kandidaten nicht erst im rechnerischen Umgang mit Problemstellungen liegen, sondern bereits beim Verstehen der Problemstellung selbst anfangen. Dabei sollte das Gespräch nicht bei dem Befund stehenbleiben, *daß* der Lernende das Problem nicht erfaßt. Gezielte Nachfragen, *was* er nicht versteht, ebnen dem Lehrenden den Zugang zu den speziellen Schwierigkeiten seines Gesprächspartners und ermöglichen diesem ein geistiges Erfassen der Aufgabenstellung.

Zweitens sollte die Auswahl der Gesprächsthemen auch *kleinste Nebenrechnungen* auf dem Lösungsbogen einbeziehen, die scheinbar ohne weitere Bedeutung sind. Oft haben sie eine solche, und diese liegt weniger in der durchgeführten Zahlenoperation als vielmehr in dem sich darin ausdrückenden Rechen*weg*, den der Lernende dort einschlägt, ausprobiert, mitunter auch wieder durch Streichungen verwirft. Dasselbe gilt von scheinbar wirren und völlig willkürlich anmutenden Anläufen, eine Lösung der Aufgabe herbeizuführen. Gerade in solchen Bemühungen zeigen sich oft sehr prinzipielle verkehrte Denkstrategien, wie wir bereits verdeutlicht haben.

Drittens muß die Befragung auch die *richtigen* Ergebnisse einbeziehen, weil, wie bereits mehrfach betont, auch verkehrte Operationsweisen zu richtigen Resultaten führen können.

Und viertens schließlich sollte der Gesprächsführende seinen Partner bei den aufgeführten Themen auffordern, in aller Ausführlichkeit *laut vorzudenken*, was er sich zu einzelnen Ansätzen und Rechenschritten gedacht hat. Nur so erschließt sich der *geistige Zusammenhang*, in dem bei manchen Aufgaben richtige Ergebnisse, falsche Teilergebnisse und unverstandene Problemstellung stehen können.

In solchen Gesprächen, aber nicht erst da, zeigen sich bei vielen Lernenden einige Verhaltensweisen, die einen weiteren Hinweis auf vorhandene Rechenmängel geben.

5.3 Typische Verhaltensmerkmale von Lernenden mit Rechenmängeln

Die folgenden Verhaltensweisen sind bei Lernenden mit Mathematikdefiziten insbesondere jenseits des schulischen Lern- und Notendrucks, also etwa beim Üben mit Freunden oder Eltern anzutreffen.

• Schematische Bearbeitung von Aufgabenbündeln
Mathematische Gesetze anwenden zu können setzt Routine voraus. Daher haben Schüler häufig ganze Bündel ein und desselben Aufgabentyps zu bearbeiten. Kandidaten mit Rechenmängeln zeigen hier ein auffälliges Verhalten: Der bei der ersten Aufgabe einmal eingeschlagene Lösungsweg wird stur und schematisch auf alle folgenden Aufgaben erstreckt, auch wenn sich dies aufgrund inhaltlicher Unterschiede bei den verschiedenen Aufgaben verbietet. Dieser Schüler macht also den Rechenweg nicht von der je spezifischen Problemstellung abhängig, sondern wendet ein einmal auswendig gelerntes Verfahren begriffslos auf alle, auch unpassende Aufgabentypen an. Hier wurde also das mathematische Regelwerk nicht *begriffen*, sondern als unbegriffenes *Schema* aufgefaßt, unter das alle Fälle subsumiert werden.

• Dauerhaftes, unsicheres Nachfragen: «Ist das richtig?»
Dieser Typus Frage zeichnet sich dadurch aus, daß der Schüler nicht eine bloße Rückversicherung darüber wünscht, ob der von ihm *bereits eingeschlagene* Rechenweg richtig ist. Vielmehr zielt sie darauf, bei einem ganz *ziel- und kriterienlosen Ausprobieren* von allen möglichen und unmöglichen Ansätzen durch das Kopfnicken der mathematischen Autorität die Gewißheit über den einzuschlagenden Weg zu erhalten, den man selber gerade nicht zu bestimmen in der Lage ist.

- Ohne äußerlichen Anstoß keine Aktivität beim Üben

Das Phänomen ist allen bestens bekannt, die sich jemals mit Nachhilfe versucht haben: Der Schüler sitzt bemüht und doch ohne erkennbare Aktivität über seinen Aufgaben. Ohne äußerlichen Anstoß – «Nun aber los!» – bleibt das Blatt Papier leer. Dieses Verhalten, oft als Unwille gedeutet, läßt in Wirklichkeit in zahlreichen Fällen darauf schließen, daß der Schüler sich für keine der mathematischen Strategien entscheiden kann, die ihm durch den Kopf gehen, weil er diese nicht begriffen hat und daher kein Kriterium für seine Entscheidung zur Verfügung hat.

- Schülerfragen offenbaren totales Unverständnis

Nachfragen sind selbstverständlich nicht per se ein Zeichen für Mathematikdefizite. Eine gezielte Nachfrage zeugt von einem vorhandenen *Vorwissen*, auf dessen Grundlage der Schüler eine mathematische Klippe *bemerkt*. Im Unterschied dazu neigen rechenschwache Kantonisten zu Nachfragen, die davon gänzlich ungetrübt sind und eher einem Herumstochern mit Stangen im Nebel gleichkommen.

- Tips von Helfern außerhalb der Schule werden rigide zurückgewiesen

«Das hatten wir in der Schule anders!»

Solche Antworten zeugen davon, daß der Schüler nicht in der Lage ist, die mathematische Hilfestellung geistig seinem eigenen Vorwissen zuzuordnen. Sie wird vielmehr als *Störung* eines einmal eingeprägten Schemas zurückgewiesen, das man dem Unterricht entnommen hat. Dieser verabreicht also im Bewußtsein des Schülers nicht richtiges mathematisches Wissen, sondern *verbindliche Verfahrensregeln,* die man mehr *respektiert* als *begreift.* Insofern erscheint der korrekte mathematische Tip jenseits der eingefahrenen Gleise wie eine Abirrung, mit der der Schüler nichts anfangen kann.

«Das brauchen wir nicht!»
lautet ein ähnlicher Hinweis von Schülern gegenüber Helfern außerhalb des Schulunterrichts. Auch hier wird der geistige Gehalt
des angebotenen Tips nicht geistig verarbeitet und ins Verhältnis
zu bereits vorhandenem Schulwissen gesetzt. Umgekehrt fir-
miert letzteres wie ein einzupaukender Kanon, für den jeder Gedanke, der sich so nicht wörtlich im Schulbuch oder Unterrichts-
material wiederfindet, ein Fremdkörper ist. Solche Aspiranten
pflegen ein sklavisches Verhältnis zu den Lippen des Lehrers
bzw. zu ihren Schulbüchern.

• Der Schüler kann die Aufgabe nicht in eigenen Worten
  wiedergeben
Hierin liegt ein wichtiger Indikator, insbesondere auf dem Feld
der Sachaufgaben. Die Unfähigkeit des Schülers, die Aufgabenstellung in eigenen Worten zu erläutern, verweist darauf, daß
seine Schwierigkeit nicht erst beim *Lösen* eines Problems beginnt. Sehr oft hat er das Problem selbst nicht verstanden.

• Der Schüler macht scheinbar wirre Fehler
Gerade solche Fehler, die auf den ersten Blick *kein* Prinzip erkennen lassen, sind häufig Indikator für tieferliegende falsche Denkstrategien.

• Viel Üben – kein Effekt
Üben zielt auf die routinierte Anwendung *begriffener* mathematischer Gesetze. Wo diese Voraussetzung nicht erfüllt ist, kann
auch die Vervielfältigung des Materials, an dem der Schüler sich
zu bewähren hat, diese Kenntnis nicht herbeiführen. Ein solches
Üben hat daher keinen positiven Effekt. Im Gegenteil: Weil
die mathematischen Gesetze selbst *nicht* thematisiert werden,
kommt dies einer Einladung gleich, das *falsche*, vom Schüler
mitgebrachte Vorwissen durch reichhaltiges Üben zu vertiefen.

- Totales Vergessen nach scheinbar erfolgreichem Üben

Auch diese Variante trifft man häufig bei schwachen Rechnern an. Dann nämlich, wenn sie die Übungen dazu benutzen, einen schematischen Rechenweg mehr zu *erahnen* als zu *begreifen*. Welchen Aufgabentypus man *warum wie* rechnet, bleibt so im dunkeln. So erklärt sich die geringe Halbwertszeit dieser Sorte Wissensersatz: Bis zum Ende der Übungsstunde hält so etwas vor, aber bei der nächsten Klassenarbeit ist alles «wie weggeblasen». Eine bei Schülern wie Eltern verbreitete Fehlinterpretation spricht von einem «Blackout» bei der Klassenarbeit. Diese Deutung geht allerdings von der irrigen Annahme aus, der Schüler hätte *vorhandenes* Wissen urplötzlich eingebüßt, weil es wie durch eine unerklärliche Kraft «ausgeblendet» wurde.

- Mathematik wird zum Angstfach

Der gar nicht verwunderliche Effekt fortwährenden Übens ohne erkennbaren Erfolg liegt darin, daß Schüler Mathematik als unbewältigbare Materie auffassen. Angst stellt sich ein, weil die Note dieses Schulfaches für den weiteren Karriereweg großes Gewicht hat.

- Schüler überspielen ihre Mängel durch Clownerie und
  Angeberei

Psychologische Reaktionen auf den konstatierten Mißerfolg stellen sich prompt ein. Schüler, die sich dem Mathematikunterricht nicht gewachsen zeigen, fühlen sich als Person erniedrigt und kehren dieses Verhältnis von Sieger und Verlierer ideell um. Sie erheben sich über das Fach und stellen es mit ihren deplazierten Späßen als nichtig dar oder geben mit Erfolgen auf anderen Gebieten an, um das Stigma des Verlierers loszuwerden.

Ursachen der Wissensmängel

Wissenslücken und Mängel auf dem Feld der Mathematik sind unzweifelhaft weit verbreitet. Das gilt nicht nur für Kinder und Jugendliche, die sich noch in der schulischen Ausbildung befinden und von sich meinen, «mit der Mathematik auf Kriegsfuß» zu stehen. Auch erwachsene Absolventen der Bildungsanstalten räumen nicht selten ein, daß ihnen diese Disziplin ein «Buch mit sieben Siegeln» geblieben ist. Das ist bemerkenswert. Nicht am *Anfang*, sondern auch und erst recht *am Ende* eines langjährigen Schulbesuchs zeichnet sich ein Großteil der so Gebildeten durch ein gehöriges Maß an *Un*wissen aus. Ein ähnlicher Befund läßt sich im übrigen nicht nur für die Mathematik, sondern auch für andere Schulfächer wie zum Beispiel den Deutschunterricht treffen. Ein Legasthenieboom wäre ohne das Heer von Schulabgängern, die des Lesens und Schreibens unkundig sind, nicht denkbar gewesen.

Dabei ist nicht zu übersehen, daß die Verteilung von Wissen und Kenntnissen auf die Gesellschaftsmitglieder zudem von einem *systematischen* Charakter zeugt. Es verhält sich nicht so, daß ein prinzipiell gleiches Bildungsniveau aller vorliegt, das dann bei diesem oder jenem von spezifischen Fehlern und Mängeln begleitet wäre, bei dem einen mehr, bei dem anderen weniger. Die öffentliche und politische Diskussion kennt eine «Elite», die nicht nur mit einer gehobenen und zumeist universitären Bildung, sondern auch mit «Führungspositionen» in Politik und Wirtschaft gesegnet ist. Demgegenüber steht die «breite Bevölkerung», die mit einem Volksschulabschluß weitgehend dem Beruf des Arbeiters nachgeht.

Der Hierarchie von Berufen und gesellschaftlichen Positionen geht eine Bildungshierarchie voraus, die von einer merkwürdigen Festigkeit ist. Der Unterschied von erfolgreichen «Schlauen» und unterlegenen «Dummen» ist nämlich nicht vom jeweils beschulten Jahrgang abhängig, so daß sich bei manch einem Jahrgang diese Differenzierung herausstellen würde, bei anderen aber nicht, weil alle denselben Bildungsstand erreichen. Das gesamte Schulwesen *antizipiert* bereits diese Scheidung durch seine dreigliedrige Organisation mit den Extremen Hauptschule und Gymnasium und dem Zwischenglied Realschule. Die Bildungsbehörden gehen also davon aus, daß die Verteilung der nachwachsenden Bevölkerung auf die drei Schulstufen der Quantität nach im Prinzip und auf Dauer identisch bleibt.

Und diese Tatsache steht in einem bemerkenswerten Kontrast zu den beiden bahnbrechenden Errungenschaften, die der bürgerlichen Schule zugute gehalten werden. Sie steht nämlich zum ersten in dem Ruf, die Unwissenheit unter den Menschen beseitigt zu haben. Ein Lob, das sich nicht nur an der großen Anzahl von Legasthenikern und Menschen mit ausgeprägten Mathematikdefiziten blamiert. Zum zweiten sagt man der Schule nach, sie habe Bildungsprivilegien beseitigt und die Klassenschranken zurückgedrängt. Auch diese wohlmeinende Einschätzung steht im Kontrast dazu, daß nicht nur Generation für Generation die Scheidung in eine gymnasiale und universitäre Elite einerseits und eine Masse von «Volks»schülern andererseits reproduziert wird, sondern auch die damit verbundene ungleiche Verteilung von «Lebenschancen».

Schlußendlich ist anzumerken, daß das niemand für einen Skandal hält, schon gar nicht die Urheber der guten Meinung über das Schulwesen: «Es wäre eine Illusion, wollte man damit rechnen, daß die Massen oder alle Einzelnen in einem aktiven Sinne gebildet sein könnten. Unsere Demokratie wird schon Festigkeit gewinnen, wenn keine Schicht von der Möglichkeit, sich zu bilden, ausgeschlossen ist.» (Der deutsche Rahmenplan, zitiert nach Schelsky 1961, 81)

Es drängt sich aus alledem die Vermutung auf, daß der hohe Verbreitungsgrad von Wissensmängeln sowie die ungleiche Verteilung der Bildung nicht nur ein Resultat, sondern auch das *angestrebte Ergebnis* des bürgerlichen Schulsystems darstellen.[6] Ein Blick auf die Art und Weise, wie die Schule das Lernen organisiert, erhärtet diese Auffassung.

1. Von einigen Besonderheiten des schulischen Lernens

1.1 Lernen unter dem Diktat der Zeit

Die erste Besonderheit des Schulunterrichts besteht darin, daß Lernen unter einer unerbittlichen *Zeitvorgabe* stattfindet. Damit ist nicht der banale Umstand gemeint, daß jedes Lernen selbstverständlich innerhalb eines gewissen Zeitrahmens vonstatten geht. Das Zeitmaß ist dann das *Ergebnis* eines Aneignungsprozesses.

Der Stoff als Pensum

Nicht so bei der schulischen Unterweisung. Der Lehrplan setzt fest, welches Stoffquantum bis zum Schulabschluß bewältigt sein muß und wie das Pensum für ein Schuljahr zu bemessen ist. Und schließlich legt der Pädagoge, der mit der beklagten «Stofffülle» kämpft, auf dieser Grundlage den Lehrumfang für jede Unterrichtsstunde fest. Damit ist das Lernen unter eine Vorgabe gebeugt, die ihm gänzlich äußerlich ist. Das Wissen um die mathematischen Grundrechenarten beispielsweise enthält nämlich gar kein Kriterium dafür, wie lange seine Aneignung zu dauern hätte.

Gleiche Lernbedingungen, ungleiche Resultate

Was manch ein Schüler in sechs Monaten begreift und beherrscht, erfordert bei einem anderen vielleicht das Doppelte an Zeit. Die Individuen offenbaren nämlich im Vollzug des Lernens nicht nur unterschiedliche Schwierigkeiten, die ihnen der Stoff bereitet, sie bringen zudem auch gänzlich unterschiedliche Voraussetzungen mit, die dem Erlernen der Sache mehr oder weniger förderlich sind. Der schulische Unterricht aber behandelt diese an den Personen vorhandenen Unterschiede *gleich*, indem er alle unter dasselbe Zeitmaß beim Lernen stellt und keineswegs am «langsamsten Schiff im Geleitzug» Maß nimmt.

Der damit entfaltete Lern*druck* ist pädagogisch und behördlich durchaus beabsichtigt. Jeder Schüler *muß* sich innerhalb einer vorgegebenen Zeitspanne ein Quantum Wissen aneignen, gleichgültig dagegen, ob er es aufgrund seiner intellektuellen Voraussetzungen und Probleme überhaupt *kann*. Dabei kommt es durchaus vor, daß Pädagogen gewisse Rücksichten auf das Lerntempo der Schwächeren walten lassen. Denn die Erzeugung des Lerndrucks soll nicht zur *Verhinderung* des gesamten Lernprozesses ausarten, sondern zu einer angestrengten Teilnahme an ihm zwingen. Zwei Extreme will der Unterricht vermeiden: Weder soll der gesamte Klassenverband am Erlernen der Unterrichtsinhalte scheitern, noch sollen alle alles begreifen. Der *dosierte* Lern*druck* zielt vielmehr auf ein *differenziertes* Leistungsbild, das neben guten immer auch weniger gute und schlechte Ergebnisse widerspiegelt.

Es versteht sich, daß ein solcher Modus der Ausbildung gegen die umfassende und korrekte Erlernung des Unterrichtsstoffs gerichtet ist. Denn so ist jeder Teilnehmer dazu gezwungen, sich einem neuen Unterrichtsinhalt auch dann zu widmen, wenn er den vorgängigen Stoff noch gar nicht verstanden hat, auf dem womöglich der fortschreitende Unterricht auch noch aufbaut, wie dies in der Mathematik die Regel ist (vergleiche hierzu den Exkurs «Die besondere Rolle der Mathematik im schulischen Fächerkanon: Wissen statt Moral» am Ende des Abschnitts B). Hierin liegt eine der wesentlichen Quellen dafür, warum in der Schule das *Memorieren*, also das bloße Auswendiglernen von Wissensinhalten, an die Stelle des *Begreifens* tritt. Denn daß der

Schüler über den Inhalt verfügen muß, auch wenn er ihn nicht wirklich verstanden hat, ist in Gestalt eines kontinuierlichen Test- und Prüfungswesens ein organisatorischer Sachzwang. Mündliches Abfragen, schriftliche Kurztests und reguläre Klassenarbeiten verlangen dem Lernenden ab, sein Wissen wie sein Unwissen offenzulegen. Daß insbesondere letzteres die Regel ist, wissen Lehrer nur zu genau. Sie nehmen das Zeitmaß nämlich ernst, unter das die Wissensvermittlung gestellt ist, und setzen ihre Prüfungen nicht etwa dann an, wenn ein Gebiet umfassend und erkennbarerweise für alle verständlich behandelt ist. Es verhält sich anders: Der Prozeß der Unterweisung wird nach einer vorgegebenen Zeit schlicht *abgebrochen*: «Dieser Unterricht enthält also eine Paradoxie, die für sein Gelingen unerläßlich ist: *Das Lernen selbst ist so eingerichtet, daß immer ein Teil der Lernenden vom Lernen ausgeschlossen wird.* Der Lehrer hat mit dem Beibringen aufzuhören, auch wenn längst nicht alle Schüler die Unterrichtsinhalte ‹gefressen› haben.» (Huisken 1992, 60, Hervorhebung im Original)

Mit einer Lernerfolgskontrolle im rationellen Sinn haben schulische Prüfungen daher nichts gemein. Sie entspringen nämlich nicht einer *Ungewißheit* des Lehrenden, ob seine Schüler alles richtig begriffen haben, sondern gehen von der *Gewißheit* aus, daß dem nicht so ist. Der Leistungstest hält in Form einer Momentaufnahme *unterschiedliche Grade* erreichter Bildung in einem Klassenverband fest, die sich deswegen *notwendig* ergeben, weil die in der Zeitvorgabe vollzogene Gleichbehandlung Ungleicher die hierarchische Abstufung *erzeugt*, die der Test dann prompt sichtbar macht. Insofern ist es sachgerecht, nicht nur die Bildung, sondern auch den Bildungs*ausschluß* als Bestandteil und Ziel eines *gelingenden* Unterrichts zu fassen, wie dies der oben zitierte Autor tut.

1.2 Lernen für Noten

Alles schulische Lernen ist einem kontinuierlichen Prüfungs- und Benotungswesen unterworfen. Es zielt darauf, Leistungsunterschiede in eine Hierarchie der Leistungsträger zu überführen.

Fehlerquantifizierung und Note

Das Instrument dazu ist die Note, die zunächst in Gestalt der Fachzensur den Leistungsdurchschnitt aller mündlichen wie schriftlichen Prüfungen eines Faches einer Notenskala mit den Extremen Eins und Sechs zuordnet. Das Zeugnis enthält das Ensemble solcher Fachnoten und ist mit dem daraus gezogenen Durchschnitt aller Zensuren das entscheidende Zertifikat für die Bildungswürdigkeit der Schülerpersönlichkeit. Versetzung oder Nichtversetzung, Zugang zu höherer Bildung oder Ausschluß entscheiden sich in letzter Instanz an einer Zahl auf einer Rangskala zwischen Eins und Sechs, die der Person zugewiesen ist.

Dabei ist dieses für jeden Schüler höchst bedeutsame Instrumentarium nicht das, wofür es oft gehalten wird: ein Meßinstrument, mit dem objektiv existierende Leistungsunterschiede erhoben würden. Es *definiert* vielmehr, welche Unterschiede wie zu Buche schlagen, nimmt also maßgeblichen Einfluß auf das, was es vermeintlich mißt. Bereits im Ausgangspunkt, bei dem es um die Auswahl und Formulierung von Prüfungsaufgaben geht, steht ein Gedanke Pate, der die Absicht verrät, den vorhandenen Wissensstand nicht einfach abzufragen, sondern ein *Spektrum* von Leistungsniveaus zu erzielen: «Der oft (...) angesetzte ‹mittlere Schwierigkeitsgrad› führt häufig dazu, daß die schwachen Schüler keine einzige Aufgabe selbständig lösen können und die fähigen Schüler unterfordert werden.» (Sommer/Viet 1981, 48)
Zwei Extreme will diese Sicht der Dinge also ausschließen:

eine Zerfällung der Klasse in Versager, die *keine* Aufgabe lösen, und in Gewinner, die *alle* Aufgaben bewältigen. Damit statt dieses Resultats eine abgestufte Bandbreite zwischen Vermögen und Unvermögen herauskommt, werden also die Prüfungsaufgaben im Hinblick auf dieses Ziel eigens in ihrem Schwierigkeitsgrad *konstruiert.*

Die Auswertung dieser solchermaßen erstellten Prüfungsinhalte ergibt dabei noch gar nicht, was der Test bezweckt. Alle abgelieferten Klassenarbeiten beispielsweise enthalten in erster Instanz lediglich eine mehr oder weniger große Anzahl unterschiedlicher *Fehler.* Und diese enthalten für sich überhaupt keinen Bezug auf eine abstrakte *Quantität*, wie sie die Note zwischen Eins und Sechs vorstellt, sondern zeugen von ganz unterschiedlichen *Qualitäten* einzelner Fehlleistungen. Mancher versagt bei der schriftlichen Division in einer Mathematikarbeit, andere scheitern an der Bruchrechnung oder lösen Gleichungen verkehrt. Wieviel Versagen auf welchem Gebiet nun einer Leistung gleichkommt, die in der Notensprache «befriedigend» oder «mangelhaft» heißt, ist solchen Fehlern gar nicht zu entnehmen. Damit sie überhaupt einer bewertenden Quantifizierung zugänglich werden, wie sie die Zensur anstrebt, *abstrahiert* der Pädagoge von den bestimmten Fehlerinhalten. Ob ein Schüler sich bei der Prozentrechnung irrt oder nicht multiplizieren kann, wird darüber im wahren Wortsinn *gleichgültig*, daß beide Fehlleistungen nur noch als Fehler schlechthin verbucht werden. So enthält dann der Summenstrich unter einer Klassenarbeit, der sieben Fehler ausweist, keine Auskunft mehr darüber, *welche* Fehler vorliegen, sondern nur noch den Hinweis darauf, *daß* welche gemacht wurden und *wie viele.* Die Notengebung ist also an einer *sachlichen* Auskunft über Wissensmängel eines Kandidaten ausdrücklich *nicht* interessiert.

Leistungsmessung und Objektivität

Damit aus diesen so gewonnenen Fehlerquanta eine Notenskala wird, ist eine weitere pädagogische Konstruktion unentbehrlich. Da einem Ergebnis von etwa acht Fehlern nicht auf die Stirn geschrieben steht, ob dies einer «guten» oder nur «ausreichenden» Leistung entspricht, nimmt der Pädagoge diese Zuordnung in eigener Regie vor. Die Willkür, die diesem Verfahren innewohnt, ist damit offenkundig. Es ist rein subjektive Setzung, acht Fehler etwa mit der Note «gut» zu bewerten. Andererseits ist der Zweck unübersehbar, dem diese Willkür folgt. Das differenzierte Notenbild einer Klassenarbeit hat nämlich nach dem Willen von Behörden und Pädagogen idealerweise der wahrscheinlichkeitstheoretischen Normalverteilung, der sogenannten Gaußschen Glockenkurve, zu entsprechen. Gemeint und angestrebt ist damit, daß sich die Mehrzahl der Schüler in den mittleren Notenkategorien von Zwei bis Vier wiederfindet, wohingegen die kleinere Zahl an den beiden Extremen anzusiedeln ist.

Die «Gaußsche Glockenkurve»

Damit sich diese Absicht einstellt, nehmen Lehrer unter ausdrücklicher Billigung ihres Dienstherrn an ihrem Benotungsverfahren eine Manipulation vor, die nicht so heißt. Zunächst wird festgelegt, wie eine Arbeit auszusehen hat, die als vollständige, also hundertprozentige Erfüllung der gestellten Anforderungen gilt. Bei mathematischen oder naturwissenschaftlichen Tests geschieht dies in der Regel über eine Festlegung der absoluten Zahl richtig zu lösender Aufgaben. In einem zweiten Schritt definiert der Lehrer, in welchem *Grad* eine bestimmte Fehlermenge der hundertprozentigen Totalleistung entspricht. Und damit sich über diese beiden Definitionen das gewünschte Ergebnis einer im

Notenbild sichtbaren Glockenkurve einstellt, ist der Pädagoge zu einer Manipulation angehalten, die darin besteht, die von ihm definierte Totalleistung vom Durchschnitt der *tatsächlich* erbrachten Leistungen der Lerngruppe abhängig zu machen. In der Sprache der Bildungsbehörde hat er «den Leistungsstand der Lerngruppe mit zu berücksichtigen» (Handbuch des Bremischen Schulrechts, 94), um ein hinreichend differenziertes Leistungsbild zu erzeugen. Liegt die Fehlerquote des Gros beispielsweise zwischen zehn und zwanzig Fehlern, so würden nach diesem Verfahren fünf Fehler zu einem «sehr gut» führen. Dieselbe Fehlerzahl würde in einem anderen Klassenverband, dessen Ergebnisse mehrheitlich zwischen zwei und acht Fehlern schwanken, nach derselben Logik gerade noch ein «ausreichend» auf sich ziehen. Das gilt theoretischen wie praktizierenden Pädagogen als selbstverständlich: «Bei normorientierten Tests wird die Leistung eines Schülers an den Leistungen der Gesamtheit der Schüler gemessen, die an dem Test teilnehmen.» (Bigalke/Hasemann 1978, 418 f)

Damit ergibt sich das folgende Paradox: «Ein Schüler, der eine Leistung erbringt, die genau dem Gruppendurchschnitt entspricht, erhält auch eine mittlere Note. (...) Paradoxerweise hängt die Qualität der Schülerleistung (wie sie in der Note bescheinigt wird) davon ab, wie gut die übrigen Schüler gearbeitet haben.» (Sacher 1984, 51)

Das Meßinstrument, als welches die Notenvergabe gern aufgefaßt wird, *ermittelt* also nicht eine objektiv vorliegende Leistung, sondern *variiert deren Bewertung* in Abhängigkeit vom jeweiligen Durchschnittsniveau der Leistungen. Die wirklich erbrachte Schülerleistung ist somit nicht *Kriterium*, sondern lediglich *Mittel* der Notenvergabe.

Mit anderen Worten: Das Instrumentarium wird so manipuliert, daß sich das gewünschte Meßergebnis für den Klassenverband einstellt. Das Prinzip, das in der Herstellung einer Leistungshierarchie auf der Notenskala von Eins bis Sechs besteht, bekräftigt der staatliche Schulträger noch einmal ausdrücklich, indem er eine unausgewogene Besetzung der Ränge zurückweist: «Das Ergebnis einer schriftlichen Arbeit wird nicht gewertet, wenn die Arbeiten von mehr als einem Drittel der teilnehmenden Schüler mit ‹mangelhaft› oder ‹ungenügend› bewertet werden müssen.» (Handbuch des Bremischen Schulrechts, 148)

Aus den auf diese Weise gewonnenen Noten für die Tests und Klassenarbeiten eines Schuljahres will noch die Fachnote destilliert sein, die sich letztendlich im Zeugnis wiederfindet.

Mathematisch gesehen ist die dazu nötige Prozedur banal: Die Fachnote ergibt sich als arithmetisches und in der Regel gewichtetes Mittel der Einzelnoten. Logisch betrachtet aber ist dieser Vorgang bemerkenswert. Die Durchschnittsrechnung ist ja in höchstem Maße ignorant gegenüber mathematischen Kenntnissen und Mängeln eines Kandidaten. Da werden beispielsweise eine Fünf in Geometrie und eine Eins in Algebra zu einer glatten Drei in Mathematik hochgerechnet, so als könnte die Unkenntnis auf einem Gebiet durch Kenntnisse auf einem anderen wettgemacht werden. Selbst innerhalb eines Teilgebietes der Mathematik existiert diese Absurdität. Die mit «Sechs» bewertete Klassenarbeit zur Bruchrechnung am Jahresanfang wird nicht einfach getilgt, wenn sich in der zweiten Jahreshälfte in derselben Disziplin eine Zwei ergeben hat. Das aktuell dokumentierte Wissen tritt nicht an die Stelle der vormals bilanzierten Mängel, sondern führt unter dem Blickwinkel der Notengebung zu einem Zusammenschluß schlechter und guter Zensuren zu einer mittelmäßigen Leistungsbeurteilung.

Dieses gegenüber dem Wissensstoff wie gegenüber den individuellen Kenntnissen und Mängeln so ignorante Vorgehen macht dennoch Sinn, und zwar im Hinblick auf den Zweck, dem das gesamte schulische Notenwesen dient: Es geht um eine Auslese, die für viele den Ausschluß von, für einige den Zugang zu weiterer Bildung nach sich zieht.

1.3 Bildung als Auslese

Das in der Benotung von Schülerleistungen eingeschlagene Verfahren gelangt im Zeugnis zu seinem Höhepunkt und Abschluß.

Das Zeugnis

Dabei ist dieses Dokument einerseits nur die Zusammenfassung der Noten in den diversen Schulfächern. Nach der anderen Seite aber erhalten diese Noten im Zeugnis eine grundsätzlich neue, fundamentale Bedeutung. Während die Fachnoten die Leistungsfähigkeit in unterschiedlichen *Wissensgebieten* widerspiegeln sollen, gilt das Zeugnis als letztgültiges Urteil über die *gesamte Persönlichkeit* des Schülers. Es ist nicht nur ein pädagogischer Jargon, der von «guten» und «schlechten» Schülern redet. In Gestalt der Durchschnittsnote eines Zeugnisses wird tatsächlich mit amtlichem Siegel eine solche Persönlichkeitsbeurteilung hochgerechnet und in Form von erteilten oder verweigerten Zugangsrechten zu höheren Bildungseinrichtungen *das* Kriterium für die Bildungswürdigkeit eines Menschen.

Die Abstraktion vom tatsächlichen Bildungs*stand* erreicht ihren Höhepunkt ausgerechnet in dem Zertifikat, das für den Bildungs*gang* die alles entscheidende Rolle spielt. In der Durchschnittsnote des Zeugnisses ergänzen sich eine Fünf im Fach Mathematik und eine Eins in einer Fremdsprache zu einer Gesamtnote Drei. Hier hat sich die Zensur endgültig von jedem Bezug auf das fachliche Wissen getrennt. Nicht vorhandene Rechenfertigkeiten werden nun einmal nicht zu einer befriedigenden Mathematikleistung, weil der Betreffende ein gutes Englisch spricht. Das Zeugnis aber folgt dieser verkehrten Logik, weil es auf eine ganz andere Leistung der Note aus ist: Sie mißt den *Willen* und die *Fähigkeit* des Schülers zur dauerhaften Anstrengung, dem Geforderten zu entsprechen. Und *diese* Leistung hat tatsächlich im jeweiligen Stoff einer bestimmten Disziplin nur ein gleichgültiges Material vor sich, auf das es zwar ankommt, dessen umfassende Aneignung durch jedermann aber gar nicht den Zweck des Schulwesens ausmacht.

Selektion: Hoheitliche Verfügung über Bildungskarrieren

Mit der Zuteilung einer Durchschnittsnote ist endgültig das angestrebte Ergebnis wahr gemacht, daß Leistungsunterschiede von Schülern in eine *Hierarchie von Personen* übersetzt werden. Darauf kommt es dem Schulträger maßgeblich an, weil er an einer *Auslese* der Lernenden statt an ihrer umfassenden Bildung interessiert ist. Es ist daher nur konsequent, daß der staatliche Auftraggeber einer im schulischen Bildungsprozeß organisierten Selektion deren Kriterien in einem hoheitlichen Akt gleich selber formuliert. Kein Zeugnis für sich gäbe einen Anhaltspunkt dafür ab, wie der weitere Bildungsprozeß eines Schülers auszusehen hat. Ob der Notendurchschnitt vier zur Versetzung oder zum Verweis von der Anstalt führt, ist ihm genausowenig anzusehen wie der Zahl 1,5 die Eigenschaft eines medizinischen Numerus clausus. Und doch existiert diese Verknüpfung von Note und Bildungsgang, weil sie durch die Behörden hergestellt wird: «Dies (die Nichtversetzung, R. R.) ist dann der Fall, wenn die Note in drei oder mehr Fächern ‹mangelhaft›, in zwei oder mehr Fächern ‹ungenügend› oder in einem Fach ‹mangelhaft› und in einem anderen Fach ‹ungenügend› lautet.» (Handbuch des Bremischen Schulrechts, 122)

Das eigentümliche Urteil über die Schülerleistung faßt sich hier dahingehend zusammen, daß der Kandidat eigentlich nicht auf diese Anstalt gehört. Vor der endgültigen Vollstreckung allerdings erhält er eine Bewährungsprobe, die einmal mehr beweist, wie wenig Schule und gediegene Bildung im Verhältnis von Mittel und Zweck stehen. Die Wiederholung eines Schuljahres ist nämlich nicht den speziellen Mängeln eines Schülers gewidmet. Er hat sich zum wiederholten Male dem *gesamten* Kanon zu stellen. Mit Bezug auf ein gezieltes Programm zur Beseitigung von Wissensdefiziten wäre dieses Verfahren nicht nur untauglich, es wäre sogar kontraproduktiv.

Folgerichtig ist es nur hinsichtlich des Zwecks der Benotung, Wille und Fähigkeit zu kontinuierlicher Anstrengung zu messen. Beides wird so nämlich auf eine harte Probe gestellt. Versagt der Schüler davor, ist das Urteil über seine künftigen Bildungschancen perfekt: Es gibt für ihn keine mehr. Ausgerechnet diejenigen, die laut Auskunft ihres schlechten Zeugnisses Bildung am nötigsten haben, werden nach dem Willen des Veranstalters davon am weitestgehenden ausgeschlossen. Nur wer bereits Erfolge vorweisen kann, bekommt die Chance, sich um eine weitergehende Bildung zu bemühen: «Schüler, die den Realschulabschluß oder einen in den Absätzen 4 und 5 erwähnten Abschluß erlangt haben, können auf die gymnasiale Oberstufe übergehen, wenn von ihnen erwartet werden kann, daß die Leistungen den Anforderungen des Bildungsganges entsprechen können. Bei Realschülern und Schülern der Schulen Absatz 4 wird dies angenommen, wenn der Notendurchschnitt 3,0 oder besser beträgt. Die Durchschnittsnote wird auf zwei Stellen nach dem Komma berechnet. Die Zulassungsquote ergibt sich durch Streichung der letzten Stelle.» (Handbuch des Bremischen Schulrechts, 138 f)

2. Der Grund der schulisch erzeugten Bildungshierarchie

Mit dem Zeugnis organisiert der Staat eine Auslese, die in erster Instanz über die *Bildungs*karriere eines Schülers entscheidet. Der Besuch des Gymnasiums ist so den Besitzern entsprechender Zertifikate vorbehalten. Dort werden sie einer weitergehenden Bildung teilhaftig, die sie zu Anwärtern auf künftige Elitepositionen prädestiniert. Der große Rest ist davon ausgeschlossen und widmet sich einer Allgemeinbildung, die bestenfalls zum Realschulabschluß führt.

2.1 «Elite» und «Masse»: Hierarchie der Funktionen in Wirtschaft und Politik

Dabei liegt die besondere Härte darin, daß diese Sortierung der nachwachsenden Jahrgänge im Hinblick auf Bildungsstufen mit einer ganz anderen Selektion von weit größerer Tragweite verknüpft ist. Mit dem Bildungsabschluß korrespondiert eine «Zuteilung von Lebenschancen» (Schelsky 1965, 18), die für jeden Schulabgänger eine unwiderrufliche und lebenslang gültige Festlegung beinhaltet. Die höher Gebildeten finden ihren Beruf in den gehobenen Funktionen von Wirtschaft und Politik und verdienen ein ansehnliches Salär für die «Wahrnehmung von Verantwortung». Die breite Masse der niederen Bildungsstufen reiht sich dagegen in die «arbeitende Bevölkerung» ein und muß mit Berufen vorliebnehmen, in denen die Anstrengung, nicht aber das dadurch erzielte Einkommen großzügig bemessen ist.

Dabei existiert diese staatlich eingerichtete Verknüpfung zwischen einer schulisch hervorgebrachten Bildungshierarchie und der Hierarchie der gesellschaftlichen Berufe und Positionen nur *negativ*: Zeugnis und Schulabschluß legen fest, was ein Absolvent *nicht* werden kann. Ein Hauptschüler braucht sich um eine Professur auch dann nicht zu bewerben, wenn er sich in jahrelangen Bemühungen privat auf die denkbar gründlichste Weise mit einer Disziplin vertraut gemacht hat. Ebensowenig hätte ein Hilfsschüler je Aussicht, Sparkassenleiter zu werden.

2.2 Vom Wert der Bildung: Bedingung, keine Garantie des Erfolgs

Eine *positive* Verknüpfung zwischen Bildung und Beruf existiert also gerade nicht, auch wenn das in der Regel von allen unterstellt wird, die sich um Bildung bemühen. Der Satz «Lerne, damit du etwas wirst!», den insbesondere Eltern ihrem Nachwuchs ins Stammbuch schreiben, geht *so* nie in Erfüllung. Zeugnis und Bildungsabschluß sind mit einer *Garantie* auf einen einkommenswirksamen Einsatz des Gelernten nicht zu verwechseln. Sie erteilen lediglich die *Zulassung zur Konkurrenz* um Berufe in bestimmten Arbeitsmarktsegmenten. Ob die aus dem Bildungsgang mitgebrachte Qualifikation aber wirklich durch einen Arbeitgeber in Gebrauch genommen wird, entscheidet sich ganz an *dessen* Interessen- und Konjunkturlage. Akademisch gebildete Taxifahrer sind daher in der freien Marktwirtschaft mitunter ebenso anzutreffen wie arbeitslose Hauptschüler.

Das liegt in der Logik des staatlich organisierten Verhältnisses von Schulbildung und Beruf: Mit dem Ausschluß von Bildungskarrieren werden die Bildungsinteressenten auch numerisch so sortiert, daß sich der Andrang auf Vorstandsposten bei Daimler-

Benz in engen Grenzen hält und die deutsche Automobilindustrie nie in Verlegenheit kommt, ausreichend Schlosser zu finden. In den «Töpfen» mit höher und nieder Gebildeten findet sich eben für beide Abteilungen der gesellschaftlichen Nachfrage ein auch zahlenmäßig hinreichendes Reservoir, aus dem sie nach freien Erwägungen schöpfen können, ohne aber dem Zwang zu unterliegen, *jedermann* mit Arbeit und Einkommen zu versorgen.

Darin liegt der Zweck der mittels der Schule hergestellten Bildungshierarchie: Sie vollzieht die Auslese des Schülermaterials für seine Zuteilung auf die gegensätzlichen Funktionen in der Gesellschaft, die nach einer führenden Elite sowie einer dienstbaren Masse verlangen.

Diesen Dienst erwartet der Staat von seinen Bildungsanstalten, und darin liegt das maßgebliche Kriterium für Inhalt und Form der Bildungsbemühungen. Die Inhalte ergeben sich dabei aus den Ansprüchen einer Industrienation, die ein Mindestmaß an mathematisch-naturwissenschaftlichen und Lese-Rechtschreib-Kenntnissen mit einem Höchstmaß an moralischer Bildung kombiniert. Die Form, in der diese Ausbildung vonstatten geht, die Selektion, antizipiert die hierarchische Gliederung der Gesellschaft in ein oben und unten, für das der Nachwuchs präpariert wird.

Es war nicht zu allen Zeiten üblich, über die gesellschaftlichen Gegensätze einer sozialen Marktwirtschaft und ihren dafür erlassenen Bildungsauftrag vornehm hinwegzureden. Zwar befleißigt sich der folgende Pädagoge eines polemischen Tonfalls, ganz unzutreffend ist seine Darlegung der moralischen Lernziele für die große Masse aber nicht:

«Auf der Basis des bisher Dargestellten können wir die wichtigsten kapitalistischen Lernziele der Klassenschule (...) unsystematisch zusammenfassen:

– Die Grund-, Haupt- und Berufsschüler sollen lernen, daß dieses Leben gut ist, wie es ist.

– Sie sollen lernen, daß jeder seinen gerechten Lohn bekommt;

(...) daß das Lohnsystem und die Berufshierarchie gottge-
wollt, also göttlich sind (menschlich sind sie jedenfalls nicht).

- Sie sollen lernen, daß jeder den Marschallstab in seinem Tor-
nister trägt und daß er selber schuld ist, wenn er ihn nicht
findet. Er soll weitersuchen, auch wenn er weiß, daß keiner
drinnen ist.
- Sie sollen lernen, daß Beruf von Berufung kommt, aber nur
wenige berufen sind: ‹Einer muß ja auch den Dreck wegräu-
men.› ‹Es kann ja nicht jeder Dichter oder Direktor werden.›
Aber jeder hat eine Chance. (...)
- Sie sollen lernen, daß die Oberen schon wissen, was richtig ist
– sie sind ja nicht umsonst oben, haben es zu was gebracht.
Schon in der Schule hatten die die besseren Noten – was die
alles wissen.
- Sie sollen lernen, daß der ‹freie Unternehmer› unersetzlich und
die ‹freie› Marktwirtschaft sozial ist und daß der ‹Schutz des
Privateigentums› – besonders von Produktionsmitteln – der
beste Garant der Freiheit der ‹freien› Welt ist.
- Sie sollen lernen, daß die Oberen es ja wirklich schwer haben,
mit dem Risiko und der Verantwortung, die sie tragen, und
daß sie dafür ruhig etwas besser leben sollen.
- Sie sollen lernen, daß sie selbst die schwierigen Sachen (Pla-
nen, Konferenzen, Börse, Spekulieren, Kalkulieren, Leiten,
Latein, Goethe und Differentialrechnung) nicht verstehen und
auch nicht brauchen, daß sie aber als dumme Versager wenigstens anständige Menschen sein können.
- Sie sollen lernen, daß alles Unglück von den Radikalen, den
Linken, ja sogar von den Gewerkschaften kommt, daß Streiks
uns allen schaden und verantwortungslos sind. (...)
- Sie sollen lernen, daß einer für alle, aber vor allem alle für
einen arbeiten müssen, und daß man dazu ‹Gemeinwohl› sagt,
denn: ‹Wir sitzen alle in einem Boot.›»(Beck 1974, 33 f)

3. Die Schule und ihre Schüler: subjektive Einstellungen als Lernhindernis zweiter Art

Die Schule, so hat sich gezeigt, führt eine Ausbildung durch, die zugleich die *Verhinderung* von Wissensvermittlung einschließt. Da alles Lernen unter eine unwiderrufliche Zeitvorgabe gestellt ist, führt diese Gleichbehandlung von Individuen mit ganz unterschiedlichen Lernvoraussetzungen auch zu ungleichen Resultaten. Neben «guten» finden sich immer auch «schlechte» Schüler, die über den unterrichtlichen Stoff gar nicht verfügen, sondern sich durch erhebliche Wissenslücken auszeichnen. Das Notenwesen sorgt dafür, daß solche Mängel offenkundig werden. Aber nicht in der Absicht, sie zu *beheben*, sondern um sie zu *sanktionieren*. Und in dem Maße, wie sich bei einem Schüler schlechte Zensuren akkumulieren, droht der Ausschluß von weitergehender Bildung.

Mit diesem System quasi *objektiver* Lernhindernisse in der Schule hat die Sache allerdings noch nicht ihr Bewenden. Es ruft bei den beteiligten Individuen sehr konsequent *Einstellungen* zum Unterricht und Vorgehensweisen hervor, die man getrost als Lernhindernis der zweiten Art bezeichnen kann.

3.1 Lernmotivation Nummer eins: Zensuren!

Die Schule nötigt jedem Schüler ein äußerst *unsachliches* Verhältnis zu den diversen Wissensgebieten auf. Weder Interesse und Neigung noch der Wille, eine unbekannte Sache geistig zu erfassen, begründen seine Befassung mit dem Stoff.

Er lernt, um gute Noten zu erzielen. Denn dieses neben den

Fächern und über ihnen schwebende letzte Ziel ist der Punkt, um den sich die Lernkonkurrenz dreht. Entsprechend groß fällt der Bedarf an Selbstdisziplinierung aus. Der Zensuren wegen richtet der Schüler seine Aufmerksamkeit angestrengt auf Wissensgebiete, mit denen er sich freiwillig nicht befassen würde.

Das andere Extrem eines durch und durch am Stoff interessierten Schülers ist zwar ein gern ausgemaltes Ideal in pädagogischen Motivationstheorien. Im praktischen Unterricht fiele eine solche Stellung als völlig unangemessen und störend auf. Schon das bloße Beharrungsvermögen, eine Problemstellung vollständig zu durchdringen, erst recht ein ausgeprägtes Bedürfnis, auch weitergehende Wissenselemente etwa der Mathematik zu betrachten, vergehen sich am Unterrichtsziel, das jeweilig vorgegebene Pensum zu absolvieren. Akzeptiert ist das Spezialistentum eines von der Mathematik begeisterten Schülers nur dann, wenn es sich privat entfaltet und im Unterricht als funktionales Moment einbringt und zurücknimmt.

3.2 Prüfungsrelevanz als Wahrheitskriterium

Weil das Lernen des Schülers sein maßgebliches Ziel in den Zensuren hat, objektiv und subjektiv, nimmt er zum gesamten Wissenskanon einen höchst befremdlichen Standpunkt ein. An einem wissenschaftlichen Gedanken interessiert nicht, ob er stimmt, sondern ob er für die Prüfung relevant ist. Ein Schüler lernt, was verlangt wird, nicht was er eingesehen hat. Mit dieser Einstellung konfrontiert er dann Eltern und Lehrer, die ihm bei der Bewältigung von Schwierigkeiten in einem Fach behilflich sein wollen: «Das brauchen wir nicht!», «Das hatten wir in der Schule anders!», so lauten stereotype Antworten, die jeder bekommt, der ihm einen Sachverhalt verständlich machen möchte, dabei aber die eingefahrenen Gleise des Unterrichts verläßt. Nur in diesem Umkreis des engeren Unterrichtspensums vermutet der Schüler – nicht zu Unrecht – das in Prüfungen Abgefragte. Also interessiert er sich für den Rest nicht, auch wenn er dafür den Preis zahlt, die Sache nicht einmal auf dem Weg der Nachhilfe wirklich zu verstehen.

3.3 «Pauken»: Memorieren statt Begreifen

Dafür schafft er sich einen Ersatz für das Begreifen, der im Memorieren, also dem puren Auswendiglernen von Sätzen und Regeln besteht. Diese Stellung ist als «Pauken» bekannt und fällt nicht nur durch die extrem kurze Halbwertszeit des Gelernten auf. Sie macht sich auch in einer Schwierigkeit des Schülers bemerkbar, der sich daran abarbeitet, den richtigen Zeitpunkt für sein Auswendiglernen vor einer Prüfung zu bestimmen. Beginnt er zu spät, scheitert er womöglich am Umfang des geprüften Stoffs. Fängt er allerdings zu früh an, hat er zum Prüfungstermin alles wieder vergessen.

3.4 Prätention von Kompetenz statt Wissen

Insofern verlangt die geringe Haltbarkeit dieses Halbwissens nach Techniken, die auch ohne Offenlegung des tatsächlichen Kenntnisstandes den *Eindruck* von Kompetenz vermitteln, wenn schon diese selbst nicht vorliegt. Der Erfindungsreichtum bedient sich da immer derselben beiden Attitüden, Schwächen zu verheimlichen und Stärken vorzutäuschen. Selbst junge Schüler finden sich schnell in die Welt der Notenkonkurrenz ein. Wer seine Hausaufgaben nicht lösen konnte, hat sein «Heft vergessen». Weiß jemand auf die Frage des Lehrers im Unterricht keine Antwort, meldet er sich fingerschnipsend und heftig in der bangen Hoffnung, gerade so *nicht* herangenommen zu werden.

Ob solche allseits durchschauten Techniken dem Erfolg förderlich sind, ist mehr als fraglich. Sicher aber ist, daß auf diese Weise die objektiven Schranken des Lernens, welche die Schule aufrichtet, um subjektive Lernhindernisse ergänzt werden.

4. Die Mathematikdidaktik und ihre Kunstgriffe für eine «volkstümliche Bildung»

Die Schule bringt nicht nur auf seiten der Schüler, sondern auch bei Lehrern Einstellungen hervor, die den objektiven Schranken schulischer Ausbildung Lernhindernisse hinzufügen, die sich in didaktischen Konzeptionen und in Übereinstimmung mit dem Lehrplan unterrichtswirksam geltend machen.

Pädagogen und Didaktiker entdecken auf sehr merkwürdige Weise, daß der im Schulwesen organisierte Bildungsausschluß die maßgebliche Vorentscheidung über die berufliche Karriere trifft. Daß ein Hauptschüler, dem der Gang zum Gymnasium verwehrt war, sein Leben als Fließbandarbeiter zubringt, veranlaßt sie zu einer verkehrten Kritik an der Schule: Der Unterricht möge doch einfache Leute nicht mit Wissen «überfrachten», das sie ohnehin nicht brauchen. Gewiß benötigen sie am Fließband nicht die Infinitesimalrechnung, aber arbeiten müssen sie dort nur deshalb, weil ihnen die höhere Mathematik und anderes im Bildungsgang vorenthalten wurde. Der Pädagoge tut mit seinem Befund so, als sei das Ergebnis einer Arbeiterkarriere ganz ohne sein Zutun zustande gekommen.

4.1 «Praxisorientierung» versus «Wissenschaftlichkeit»

Die Hilfe, die er und die Verfasser amtlicher Lehrpläne dann anbieten, besteht darin, den Verlierer *vor zuviel Bildung zu bewahren*, die für seine Lebenspraxis ohnehin bedeutungslos ist: «Aber ‹das Bildungsgut muß in seinen natürlichen und sinnvollen Zusammenhängen belassen bleiben›, und seine Auswahl erfolgt unter den Kriterien der Kindgemäßheit, Anschaulichkeit und Lebensnähe. Denn die auf die praktische Anwendung gerichtete Schularbeit› hat als Ziel eine ‹volkstümliche Bildung›» (Glatfeld 1983, 1; Zitate im Zitat: Richtlinien und Stoffpläne für die Volksschule. Die Schule in Nordrhein-Westfalen. Eine Schriftenreihe des Kultusministeriums, Heft 7, Ratingen 1967), und: «Die Lernziele der Hauptschule sollten am späteren Leben und an der Berufswelt des Hauptschülers orientiert sein.» (Bauer 1978, 13)

Einmal davon abgesehen, ob die «Lebensnähe» niederer Berufe in der Marktwirtschaft den «natürlichen Zusammenhängen» des mathematischen Stoffs entspricht, ist die Botschaft unüberhörbar: Der Unterricht möge den Hauptschüler mit wissenschaftlichen Erklärungen verschonen. Geboten ist eine Einweisung, welche sich auf die mechanischen Formen des Rechnens konzentriert, die im späteren Berufsleben hier oder da zum Einsatz kommen.

Diese Position ist nicht unwidersprochen geblieben. Die obersten Schulbehörden selbst haben mit dem Beschluß der Kultusministerkonferenz von 1968 eine Gegenbewegung eingeleitet, die seitdem als «neue Mathematik» apostrophiert wird: «Mathematik und Naturwissenschaften haben mit Beginn des 20. Jahrhunderts Denkweisen entwickelt, die für das Begreifen der Bedingungen unseres modernen Lebens als bekannt vorausgesetzt werden müssen. Nur wenn der Mensch frühzeitig Einsichten in naturwissenschaftliche Betrachtungsweisen und Verständnis für mathematische Strukturen gewonnen hat, kann er die Probleme lösen, vor die er in der modernen, rationalisierten Welt gestellt wird.» (KMK-Empfehlungen und Richtlinien zur Modernisierung des Mathematikunterrichts an den allgemeinbildenden Schulen vom 3.10.1968; zitiert nach Bigalke/Hasemann 1977, 13 f)

Was zuvor als «Rechnen» und «Raumlehre» auf dem Lehrplan der Hauptschule stand, trägt nun den anspruchsvolleren Titel «Mathematik».

Das hat den Schulenstreit der Mathematikdidaktik enorm belebt, in dem sich zwei Positionen gegenüberstehen. Während die eine Fraktion dem alten Unterricht eine «Praxisbornierung» zu Lasten eines «Wissenschaftsbezuges» ankreidet, wirft die andere der Schule eine «Verwissenschaftlichung» vor, die jede «Praxisorientierung» vermissen läßt.

Was sich da scheinbar unversöhnlich gegenübertritt, verdankt sich in Wahrheit bloß einer unterschiedlichen Betonung von zwei Seiten ein und desselben Gedankens. Beide Lager hängen nämlich dem Ideal an, daß die *Mathematikausbildung* der Schule und die Erfüllung aller *gesellschaftlichen Funktionen* ihrer Klientel zusammenfallen mögen. Gleichgültig, ob dieser Wunsch je so in Erfüllung gehen kann, ist doch seine Logik bemerkenswert. Darin wird nämlich das in Staat und Wirtschaft an Qualifikation *Geforderte* ohne alle Umschweife zum *Maßstab wissenschaftlicher Unterweisung* erhoben. Und das ist unwissenschaftlich, weil zum Leitfaden der Wissensvermittlung ein dieser ganz äußerlicher Gesichtspunkt erkoren wird.[7]

4.2 Die Hauptschule: kein «Miniatur-Gymnasium»

Praktisch treten daher beide didaktischen Gesichtspunkte immer in Einheit auf. Es gibt keine Verfechter des Praxisbezugs, die auf wissenschaftliches Niveau verzichten wollen, ebensowenig wie Vertreter gediegener Wissenschaftlichkeit existieren, die jede Praxisorientierung weit von sich weisen würden: «Man sollte nicht die Augen davor verschließen, daß Hauptschüler mit gymnasialem Mathematikstoff in der Regel überfordert sind. Die Fähigkeit zu formalem und abstraktem Denken ist bei

Hauptschülern i.a. weniger ausgeprägt als bei Gymnasiasten. (...) Ihre Gedächtnisleistungen sind meist schwächer, ihre Interessen mehr pragmatisch und ichzentriert. Ein an den Bedürfnissen und Fähigkeiten der Hauptschüler orientiertes Bildungskonzept darf diese Gegebenheiten nicht ignorieren. Die Hauptschule darf kein Miniatur-Gymnasium werden. (...)

Die Hauptschule darf aber auch nicht in einen ‹volkstümlichen›, rationale Argumentationen und fachliche Begriffe ausklammernden Unterricht im Sinne des bürgerlichen Rechnens zurückfallen.» (Bauer 1978, 12)

Die Logik ist bemerkenswert: Was das *Produkt* der Bildungsanstalten ist, nämlich Gymnasiasten den Einblick in wissenschaftliche Höhen vorzubehalten, von dem die Allgemeinbildung der Hauptschule gewolltermaßen ausgeschlossen wird, bespricht dieser Autor als eine «Gegebenheit», die er angeblich an den Schülern *vorgefunden* hat und der sich der Unterricht nun akkommodiert.

4.3 Ersetzen «Rezepte» mathematische Gesetze?

Mit der Absicht, die darin zum Ausdruck kommt, machen etliche Pädagogen und Didaktiker tatsächlich ernst. Weil nach ihrer Auffassung wissenschaftliche Erklärungen für den Hauptschüler zu hoch sind, greifen sie nicht selten zu vereinfachenden Darstellungen, die nicht immer einfach, manchmal aber verkehrt sind. Berechtigt fühlen sich insbesondere praktizierende Pädagogen zu ihrer Vorgehensweise, weil sie in der Geistesverfassung ihres Klassenverbandes den schlagenden Beweis für ihren Standpunkt vor Augen zu haben meinen: Hauptschüler können in der Regel wirklich weniger und tun sich mit mathematischen Abstraktionen ungleich schwerer als gleichaltrige Schüler höherer Anstalten. Aber nicht, weil es ihnen an Begabung oder Intelligenz fehlen würde, sondern weil ihnen die geistige Ausbildung ihrer gymnasialen Altersgenossen vorenthalten wurde. Was ganz das *Erzeugnis* des Schulwesens ist, eine Bildungshierarchie, gerät so am Ende zu einer einzigen *Berufungsinstanz* für die Anwendung unterrichtlicher Methoden, die den mangelnden Kenntnisstand in den unteren Rängen wie eine natürliche Voraussetzung betrachten, der sie mit einer zurückhaltenden Dosierung von Wissen entsprechen wollen.

Das führt zu Bekenntnissen der folgenden Art, mit denen ein Didaktiker seine Überlegungen zum Bruchzahlverständnis im Hauptschulunterricht einleitet: «Das Bruchzahlverständnis läßt sich beim Schüler nicht durch Erklärungen erreichen. Allein eine Vielzahl operativer Akte, die Herstellung und Benennung von Bruchteilen, die permanente Verbindung von Denken, Tun und Sprechen verhilft dem Schüler zur Einsicht, zur Gewinnung klarer Vorstellungen des Phänomens.» (Weiser 1981, 146)

Gewiß kann es hilfreich sein, das Verhältnis von Quantitäten, das die Bruchzahl repräsentiert, an praktischen Teilungsoperationen deutlich zu machen, bei denen sich beispielsweise fünf Kinder drei Äpfel teilen. Hier ist der *Prozeß* des Aufteilens, der auf eine Divisionsaufgabe führt, vom *Resultat* zu unterscheiden und zugleich zu erläutern, wie der Bruch beides zugleich festhält: Er ist Bruch*operation* und Bruch*zahl* in einem. Dennoch, alles praktische Hantieren ist dabei *Material* und *Hilfsmittel* des Erklärens, keineswegs aber der *Ersatz*, wie der Autor oben meint. Die Unterstellung, die bei diesem Gedanken Pate gestanden hat, liegt darin, daß dem niedrigen intellektuellen Niveau des Hauptschülers bestenfalls *praktische* Operationen mit diversen Gegenständen entsprechen, während der *geistige* Zugang in erklärender Absicht eine Überforderung darstellt. Die *Voraussetzung* jeder Bildung, ein auszuräumendes Unwissen, wird so zum *Hindernis* dafür erklärt. Die Strategie, die dabei herauskomm und sich einfühlsam an den minderbemittelten Intellekt von Hauptschülern anpassen will, schreibt deren Unwissen fort, statt es zu beheben. Denn noch so viele praktisch vollzogene Teilungsoperationen ergeben nicht die Einsicht in das Wesen der Bruchzahl. *Daß* man etwas tut, zieht eben gar nicht notwendig das Wissen darum nach sich, *was* man dabei eigentlich macht. Diese didaktische Strategie vermeidet nicht eine Überforderung, sie stellt selbst eine dar: Es ist nämlich gar nicht absehbar, warum Kinder, die an Äpfel und anderes Teilbare die verschiedensten Interessen und Gesichtspunkte knüpfen können, sich auf das pädagogisch gewünschte Bruchzahlverständnis kaprizieren sollten, statt das Ganze etwa als Spiel zu betrachten. So wird der abverlangte Lernerfolg notwendig verfehlt.

Folgende Einführung in die Bruchrechnung leuchtet Didaktikern ebenfalls ein:

«*Einführung von Bruchzahlen*

1. Die Lösbarkeit von Divisionsaufgaben

Wir untersuchen die beiden Aufgaben 3 : 4 = x und
3 m : 4 = x m.

Die Divisionsaufgabe 3 : 4 = x hat in N (natürliche Zahlen) keine Lösung. Bei der anderen Aufgabe 3 m : 4 = x m kann sich jeder vorstellen, daß man einen Stab von 3 m Länge in 4 gleich lange Teile teilen kann. Wenn auch der Zahlenwert der gesuchten Lösung keine natürliche Zahl ist, so muß die Aufgabe dennoch eine Lösung besitzen. (...) Man hat festgesetzt: $\frac{3}{4}$ von 1 m hat die Länge $\frac{3}{4}$ m. Lies: Dreiviertel Meter.» (Westermann: Mathematik für differenzierten Unterricht, 57)

Der Hinweis auf den «Stab» will sagen, daß das Verhältnis von Teil und Ganzem dem Schüler aus wirklichen Teilungsoperationen bereits vertraut ist. Statt nun das Allgemeine dieser vielen konkreten Verhältnisse von dimensionierten Größen festzuhalten, um auf die Bruchzahl als solche zu schließen, geht der Autor einen anderen Weg. Er wählt zwei merkwürdige Begründungen für die Einführung der Bruchzahl, die sich bei vielen Schülern festsetzen und sich an späterer Stelle rächen werden. Erstens hat die Division 3 : 4 = x in den natürlichen Zahlen «keine Lösung», obwohl sie eine haben sollte. Zweitens hat man daher «festgesetzt», daß $\frac{3}{4}$ dreiviertel meint und die Lösung der Gleichung ist. Diese Argumentation leidet unter dem Mangel, daß sie nicht mehr von wirklichen quantitativen Verhältnissen und ihren Eigenschaften redet, sondern auch der Wortwahl nach als Begründung der Bruchzahl einerseits einen *Wunsch*, andererseits eine *Setzung* anführt. Der Wunsch richtet sich darauf, für Gleichungen immer eine Lösung zu haben, die Setzung auf den Bruch als Schreibweise einer Lösung jenseits der natürlichen Zahlen.

Mathematik erscheint so als Regelwerk, das rein subjektiven Festlegungen und einem angestrebten Nutzen beim Rechnen folgt. Es ist nur konsequent, wenn Schüler dieser Argumentationsstrategie die Berechtigung für die Erfindung von abenteuerlichsten Rechenverfahren entnehmen. Was beim Rechnen *Vorteile* bringt, so haben sie gelernt, definiert die Vorgehensweise. Und diese darf man sich in einem Akt *freier Setzung* subjektiv generieren.

Solche Irrtümer werden bestärkt, wenn Schüler mit folgender Hinführung zur Division durch Bruchzahlen konfrontiert werden:

«*Dividieren durch einen Bruch*

Die Rechenvorschrift $\left(: \frac{5}{2}\right)$ läßt sich durch $\left(\cdot \frac{2}{5}\right)$ ersetzen.

$\frac{2}{5}$ heißt *Kehrwert* von $\frac{5}{2}$. (...) Wir dividieren durch einen Bruch, indem wir mit seinem Kehrwert multiplizieren.» (Westermann Mathematik Orientierungsstufe 6, 76)

Es handelt sich hier, wohlgemerkt, nicht um eine Rekapitulierung bekannter Gebiete und Gesetze der Mathematik. Das Schulbuch bietet vielmehr eine Einführung in die Bruchrechnung für Neulinge. Daß der Schüler hier mit einer *wissenschaftlichen Argumentation* überfordert würde, kann man wirklich nicht behaupten. Überfordert wird er gleichwohl, und zwar durch eine Vorgehensweise, die manche Didaktiker für einen vereinfachenden und kindgerechten Zugang zum Rechnen halten, mit dem sie der minderbemittelten geistigen Ausstattung von Hauptschülern gerecht zu werden meinen. Was in Wirklichkeit ein herzuleitendes *Gesetz* ist, daß nämlich die Division durch einen Bruch der Multiplikation mit seinem Kehrwert gleichkommt, präsentiert das Schulbuch *begründungslos* wie ein Rechen*rezept*, dessen Reiz darin liegt, die unbekannte Zahlenoperation (Division durch einen Bruch) auf eine bereits bekannte zurückzuführen (Multiplikation mit einem Bruch). Abgesehen davon, daß ein Begreifen der Bruchrechnung so gar nicht zustande kommt, ist gar nicht einzusehen, inwiefern dieses Vorgehen dem Schüler weniger geistige Anstrengung aufbürden sollte als die Erklärung des Gesetzes. Im Gegenteil, auf diese Weise drängen sich dem Lernenden zwei sich gegenseitig ausschließende Prinzipien gleichzeitig auf. Einerseits lernt er begründete mathematische Sätze wie subjektiv erdachte Regeln kennen; andererseits schlägt ihm spätestens bei der Korrektur seiner Klassenarbeit die Mathematik doch in ihrer Objektivität entgegen, die subjektive Phantasiegebilde ausschließt. Ein Lernvorteil ist schwerlich absehbar, die Nachteile liegen auf der Hand.

Außer in der Form des *Ge*botes wird Lernenden die Mathematik zu allem Überfluß auch noch in der Form von *Ver*boten nahegebracht. Ein Paradebeispiel dafür ist der folgende Auszug aus einem Schulbuch, das in die Division natürlicher Zahlen einführen will: «Division natürlicher Zahlen. *Vorsicht*: Die Division durch 0 ist nicht erlaubt.» (Cornelsen/Schwann: Zahlen und Größen, 101; Hervorhebung im Original)

Ungeachtet solcher Verbotstafeln führen Schüler häufig die Division durch 0 so phantasievoll durch, daß sie gleich zu mehreren Ergebnissen kommen, wie wir in Abschnitt A, Kapitel 4.3, bereits gesehen haben:

$$13 : 0 = 0$$
$$13 : 0 = 1$$
$$13 : 0 = 13$$

Berechtigt fühlen sich Didaktiker zur Aufstellung solcher Verbotstafeln wieder einmal mit Verweis auf die «Dummheit» von Hauptschülern, die durch eine korrekte Erklärung zu diesem Thema überfordert seien.

Dabei wäre es jedem Schüler durchaus einsichtig zu machen, warum die Division durch 0 nicht etwa «verboten», sondern unsinnig ist. Sie stellt daher auch keine Rechenoperation dar, die man vernünftigerweise durchführen könnte. Zum Verständnis reicht bereits ein Rückgriff auf die Kenntnisse über den Zusammenhang von Multiplikation und Division. Ist nämlich n eine beliebige positive natürliche Zahl, so kann es keine andere Zahl m geben, für die gilt:

$$n : 0 = m$$

Denn für solch ein Ergebnis m ist ja die multiplikative Umkehrung $m \cdot 0 = 0$ und nicht n.

Selbst jüngeren Schülern, denen diese Argumentation nicht eingängig ist, läßt sich der Sachverhalt schlüssig darlegen, und zwar *innerhalb* der Vorstellungswelt, die sie mit der Division verbinden. Kinder fassen – zu Recht – das Dividieren durch eine Zahl auch als Prozeß des wiederholten «Wegnehmens» auf, mit dem man ermittelt, wie oft der Divisor wohl im Dividenden «steckt». Nach dieser Vorstellung führt dann beispielsweise die Aufgabe 12 : 4 auf folgende Prozedur:

$$12 - 4 = 8$$
$$8 - 4 = 4$$
$$4 - 4 = 0$$

Dreimalige Subtraktion des Divisors vom Dividenden «braucht ihn auf», also ist 4 dreimal in 12 enthalten und das Ergebnis der Division daher 3. Dieses Verfahren wende man an auf den Fall, daß der Divisor 0 ist. 8 : 0 bedeutet dann: Wie oft muß man 0 von 8 subtrahieren, bis man 0 erhält? Die Antwort liegt auf der Hand: *Keine* Anzahl durchgeführter Subtraktionen kann zu diesem Ergebnis führen, weil hier in Wirklichkeit gar kein Prozeß des «Wegnehmens», also Verminderns stattfindet. Oder in der Sprache des Teilens: Die Division durch 0 ist gar kein wirklicher Teilungsprozeß, bringt deshalb auch kein Ergebnis der Teilung hervor.

Statt einer Erklärung begnügt sich das Schulbuch mit einem Verbotsschild. Und das ausgerechnet bei einem Fall, der nach Auskunft aller Didaktiker bei Schülern aller Jahrgänge in höchstem Maße fehlerträchtig ist: Operationen mit der Zahl 0.

So steuern am Ende didaktische Konzepte, welche sich an den mangelhaften Wissensstand von Hauptschülern *anpassen* wollen, statt ihn zu *beseitigen*, noch das Ihrige zu Mathematikmängeln auf seiten der Schüler bei, obwohl in ihnen nicht der systematische Grund dafür liegt.

Exkurs:
Die besondere Rolle der Mathematik im
schulischen Fächerkanon: Wissen statt Moral

Die Mathematik nimmt im Schulunterricht eine herausragende
Stellung ein. Vielen Schülern gilt sie als «Angstfach», und echte
Bewunderung wird dem zuteil, der mit einem «sehr gut» in diesem Fach abschneidet. Manche vergleichen es mit dem «Bohren
von dicken Brettern» und blicken verächtlich auf die «Dünn-
brettbohrer» der anderen Fächer herab.

Dabei verrät der Jargon tatsächlich etwas über eine Besonderheit, die der Mathematik und mit gewissen Abstrichen wohl
auch einigen naturwissenschaftlichen Fächern zukommt. Die
Mathematik ist als *Wissenschaft mit ihrem systematischen Aufbau* Gegenstand des Unterrichts, wie selektiv auch immer verfahren wird. Das Fach Deutsch zeigt diesbezüglich schon deutliche Unterschiede. Zwar ist eine systematische Einführung in
die Grammatik oder Orthographie durchaus nicht unwissenschaftlich zu nennen. Sie mag auch von manch einem Deutsch-
lehrer trotz Ganzheitsmethode korrekt durchgeführt werden.
Dennoch, damit ist nur ein Bruchteil dessen umrissen, was den
Deutschunterricht ausmacht. Das Einüben von Besinnungsauf-
sätzen und die Lektüre ausgewählter Literatur widmen sich der
Ausgestaltung *moralischer Prinzipien,* die dem Schüler nicht nur
aus dem Fach Gesellschaftslehre, sondern auch von Hause aus
vertraut sind. Er weiß, daß die Marktwirtschaft *sozial,* also *gut,*
und die Demokratie *menschlich* ist, wenn er dieselben Sentenzen
gereimten Versen bei Schiller oder einem geschichtlichen Rückblick auf die Antike entnehmen und in einem Besinnungsaufsatz
in These, Antithese und Synthese zu Papier bringen soll. Das
Neue daran ist gar nicht die Auffassung selbst, die literarisch
oder historisch ausgeschmückt wird. Sie ist den allermeisten aus

Familie und Elternhaus bereits mitgegeben. Neu sind wesentlich das Material und die Form, in der sich solche Standpunkte vortragen und präsentiert sehen wollen.

Das hat Folgen. Von einem gewissen Punkt an gibt es in etlichen geisteswissenschaftlichen Fächern gar nichts Neues mehr zu *lernen*. Bereits bekannte Maximen sind in anderer Gestalt wiederzuentdecken. Es bedarf keines ernsthaften *Studiums* des «Michael Kohlhaas», um die bekannte Botschaft des Deutschunterrichts herauszuhören, daß die Gerechtigkeit eine wichtige Sache ist, die man aber besser nicht in die eigene Hand nimmt. Hier findet kein Rückgriff auf ein *Vorwissen* statt, aus dem sich ein Ergebnis *erschließt*. Das, was wirklich neu ist, der Novellenstoff und seine Lektüre, läßt sich deswegen auch in weiten Teilen ersetzen. Schüler, die Deutsch gern als «Laberfach» titulieren, tun das auf ihre Weise, indem sie statt der Lektüre Interpretationshilfen zur Kenntnis nehmen, die das Kondensat von Handlung und Moral preisgeben. Oder sie lernen einige markante Sentenzen auswendig, um im Unterricht den Eindruck eines umfassenden Literaturstudiums zu erwecken. Geraten die wenigen Materialkenntnisse später in Vergessenheit, nimmt die Teilnahme am Fortgang des Unterrichts kaum Schaden, weil ein Aufsatz über «das Ausländerproblem» die Bedeutung von Recht und Gerechtigkeit auch gut ohne solches Vorwissen thematisieren kann.

Anders im Fach Mathematik. Der elementare Unterschied von Ziffer und Zahl muß begriffen sein, will man sich im dekadischen System zurechtfinden. Die dort übliche Zahlenschreibweise in Einern, Zehnern und Hundertern ist vorausgesetzt, um die schriftlichen Rechenverfahren durchzuführen und zu verstehen. Und ohne die Grundrechenarten mit den natürlichen Zahlen zu beherrschen, braucht man sich dem Thema «Rechnen mit negativen Zahlen» erst gar nicht zu nähern. Ein Gebiet geht hier notwendig einem anderen voraus, und die Momente des Wissens bauen schlüssig aufeinander auf. Insofern geht es bei jedem neuen Gegenstand des Fachs um ein ernstliches Begreifen von bislang unbekannten Sachverhalten, und die Verfügung über vorgängiges Wissen ist dabei unentbehrlich.

Daraus ergibt sich als erster Unterschied zu geisteswissenschaftlichen Fächern der jedem Schüler vertraute Umstand, daß Wissenslücken an einem Punkt kaum eingrenzbare Wirkungen auf alles weitere mathematische Bemühen nach sich ziehen. Wer über die Grundrechenarten nicht sicher verfügt, wird Gleichungen mit einer Variablen nie beherrschen. Auf diese Weise akkumulieren sich Wissensdefizite gehörig, bis ein Schüler am Ende geistig aus dem Unterricht aussteigt und «nur noch Bahnhof versteht».

Zum zweiten ergibt sich daraus, warum das bloße Auswendiglernen in der Mathematik erheblich weniger nützt als in anderen Fächern. Von den ideologischen Abteilungen einmal abgesehen, kommt ja dem Memorieren etwa beim Erlernen von Fremdsprachen eine durchaus vernünftige Rolle zu. An Vokabeln gibt es nichts zu *begreifen*. Das fremdsprachliche Wort für die längst bekannte, aber anders bezeichnete Sache kann man sich in der Tat nur *merken*. Deplaziert ist diese Technik des Gedächtnisses allerdings da, wo man etwas begreifen muß, damit man sich überhaupt etwas merken kann. Bei Dreisatzaufgaben auf dem Feld des Sachrechnens gilt es zu verstehen, daß und wie von der Vielheit auf die Einheit und von dieser auf eine andere Vielheit geschlossen wird. Dies unterstellt, kann man sich die «Kreuzregel» merken: Die im Tafelbild eines niedergeschriebenen Dreisatzes mit einem Kreuz verbundenen Zahlen bilden die Produkte einer Gleichung mit einer Unbekannten. Das mechanisiert, erleichtert also die Aufstellung des Lösungsansatzes. Aber nur dort, wo es sich um einen entsprechenden Dreisatz handelt. *Ohne* das Verständnis um dessen Logik gerät die «Kreuzregel» zu einer sinnlosen Operation, die Schüler mitunter auch auf solche Aufgaben und Zahlenkonstellationen erstrecken, die darunter gar nicht fallen. Das Merken ersetzt also nicht das Begreifen.

Zum dritten schließlich folgt aus dem Gesagten, daß der schulische Lernzweck auf dem Feld der Mathematik seine besondere Wirkung hervorbringt. Daß die Gleichbehandlung von Schülern mit sehr ungleichen Lernschwierigkeiten und -voraussetzungen systematisch Wissenslücken erzeugt, ist das eine. Daß sich diese aber aufgrund der Eigentümlichkeit des Fachs Mathematik ungleich heftiger auf jeden weiteren Lernfortschritt auswirken, ist das andere. Hinzu kommt, daß die Materie des Rechnens jede Unkenntnis sofort und schonungslos offenbart. Darin liegen die Gründe dafür, warum die Mathematik und nicht etwa das Fach Erdkunde oder Deutsch bei Schülern so häufig zum Angstfach avanciert.

5. Wie man Erfolg und Mißerfolg falsch interpretiert und verarbeitet

Wohl jeder Schüler geht in die Schule, damit aus ihm etwas wird, zunächst in Sachen Bildung, später dann im Beruf. Diese praktische Stellung geht von einer theoretischen Unterstellung aus, die auf die schulische Ausbildung gar nicht zutrifft: Ein jeder meint nämlich, seine Anstrengung und Leistung seien *das* Mittel, um den gewünschten Erfolg auch zu erzielen. Sicher, *ohne* beides kommt er nicht zustande. Daß er aber *mit* beidem garantiert wäre, stimmt nicht, weil die individuelle Leistung nicht *Kriterium*, sondern Mittel einer Leistungsbeurteilung ist. Und diese bewertet die individuelle Anstrengung um so schlechter, je besser alle anderen Leistungen in der Klasse ausfallen, an denen sie gemessen wird. Schüler wie Eltern halten gleichwohl an dieser unzutreffenden Unterstellung fest und suchen daher nach allerlei Erklärungen, wenn sich der Erfolg nicht einstellt. Erklärungen allerdings, die dem merkwürdigen Prinzip folgen, den wirklichen Grund des Mißerfolgs, den Zweck der Schulbildung, nicht in Verruf zu bringen.

5.1 «Mathematik kann man nicht verstehen»

Speziell schlechte Mathematiknoten werden häufig mit einer Erklärung bedacht, die sich neutral gegenüber den beteiligten Individuen gibt. Nicht Schüler oder Lehrer, sondern *die Sache selbst*, der Stoff der Mathematik, sei ganz jenseits der schulischen Organisationsform des Lernens der Grund dafür, daß man ihn einfach nicht verstehen könne.

Die einen werfen dem Fach vor, es sei wie kein anderes *abstrakt* und habe mit der Wirklichkeit nichts zu tun. Andere halten es für eine Kritik, daß die Mathematik ganz den *Verstand* anspricht und das *Gefühl* ausblendet, weshalb angeblich Jungen im Unterschied zu Mädchen die besseren Rechner seien. Wer es zu einer guten Zensur, gar einer Eins in Mathematik bringt, steht anders als in anderen Fächern gleich im Ruf, ein Genie zu sein. Wo dergleichen als Stoff der Unterhaltung aufbereitet und filmisch in Szene gesetzt wird, sehen jugendliche Mathematikspezialisten mit 14 wie alternde Professoren aus, die sich mit merkwürdiger Kleidung und mächtigen Brillengläsern als weltfremde Sonderlinge zu erkennen geben. Es handelt sich dabei um eine Personifizierung des Urteils über die Mathematik, sie sei nicht von dieser Welt und dem Menschen gänzlich wesensfremd.

Korrekt sind solche Urteile über das Fach nicht. Es mögen sich ja beim Erlernen des Rechnens manche Schwierigkeiten auftun. Aber daß die Mathematik das *Hindernis ihrer eigenen Aneignung* sei, ließe sich ja vernünftigerweise erst beweisen, *nachdem* man die Mathematik begriffen und aus ihr diese behauptete Eigentümlichkeit erschlossen hat. Dann aber widerlegt das Beweisverfahren die Beweisabsicht: Man hat geistig längst erfaßt, was man als für den menschlichen Verstand unfaßlich darlegen wollte.

Entsprechend haltlos sind die Anwürfe, die der Mathematik Attribute beilegen, die ihre Unbegreiflichkeit beweisen sollen. «Abstrakt» beispielsweise trifft kein Spezifikum der Mathematik, nicht einmal einen Unterschied zu anderen Betätigungen des Verstandes. Bereits im alltäglichen Sprachgebrauch operiert der Mensch mit Abstraktionen, Begriffen also, die das *Allgemeine* von verschiedenen konkreten Dingen getrennt von diesen festhalten und benennen. Daran ist nichts verkehrt, solange die Abstraktion eben stimmt. Mehr als diese gedankliche *Trennung* einer Bestimmung von ihren konkreten Erscheinungsweisen meint der Begriff gar nicht: Abstraktion ist schlicht das lateinische Wort für Trennung. Wer etwa *Obst* wünscht, redet von einer *allgemeinen* Eigenschaft, die etwa Kirschen und Äpfeln gleichermaßen zukommt, aber nicht in deren sachlicher Existenz aufgeht. Wer aber um dessentwillen die Abstraktion für nichtig oder irreal erklärt, hat ihren Witz verpaßt, wie ein älterer Philosoph an einem treffenden Beispiel einmal demonstriert hat: «Solche Stellung würde bei Gegenständen des gemeinen Lebens von selbst als unangemessen und ungeschickt auffallen, wie wenn einer, der Obst verlangte, Kirschen, Birnen, Trauben usf. ausschlüge, weil sie Kirschen, Birnen, Trauben, *nicht* aber Obst seien.» (Hegel, Enzyklopädie der philosophischen Wissenschaften I, 59, Hervorhebung im Original)

Der mathematische Begriff der Ordinalzahl beispielsweise ist sicher abstrakt: Er hält getrennt von dieser oder jener Zahl (1, 2, 3 usw.) die Zuweisung eines Rangplatzes durch Zahlen als deren allgemeine Leistung gesondert fest (der erste, zweite, dritte usw.). Aber sein Unterschied zum oben zitierten Gattungsbegriff Obst liegt nicht darin, *daß* oder *wie sehr* er abstrakt ist, sondern ausschließlich im *Gegenstand*, auf den sich die Abstraktion bezieht. Und insofern die Mathematik sich gar nicht vor anderen Betätigungen des Geistes durch die Verfertigung von Abstraktionen auszeichnet, kann auch das Verständnis der Disziplin nicht *daran* scheitern.

Ähnlich verhält es sich mit dem Hinweis, das Fach sei einfach zu «logisch», deshalb so schwer zu verstehen. Selbstverständlich kommt die Logik zum Einsatz, wenn Urteile über die Eigenart von mathematischen Gegenständen in Lehrsätzen formuliert und mit Schlüssen aus anderen Sätzen bewiesen werden. Aber der Gebrauch der logischen Konjunktionen, wie er nun einmal beim Erkennen und Erklären auftritt, ist wieder keine Besonderheit der Mathematik. Selbst der oben genannte Einspruch, die Mathematik sei logisch, deshalb unverständlich, bedient sich einer solchen logischen Konjunktion des Grundes («deshalb»). Er setzt sogar darauf, daß dadurch der Gedanke nicht *unverstehbar* wird, sondern bei einem verständigen Gegenüber auf *Einsicht* trifft. Warum sollte es da mit der Logik in der Mathematik eine andere Bewandtnis haben, bloß weil sie sich dort auf andere Sachverhalte bezieht?

Ein dritter Vorwurf sagt der Mathematik schließlich nach, sie verfahre «bloß quantitativ», gehe deswegen am Wesen der Sache und damit auch am Auffassungsvermögen des Menschen vorbei. Ausgerechnet die *Leistung* der Zahl wird dieser zum Vorwurf gemacht. Denn die geistige Operation des Zählens besteht ja gerade darin, Gegenstände neben ihrer jeweiligen Qualität als *Quantität* zu fassen. Dabei setzt die Frage nach dem «Wieviel?», auf die das Zählen antwortet, selbstverständlich voraus, daß das «Wovon?» schon abgemacht ist. Wer 4 Tische oder 8 Stühle gezählt hat, faßt die *Anzahl gleichnamiger Einheiten* zusammen. Die Einheit besteht in diesem Fall eben aus Tisch oder Stuhl. Im Unterschied zu solchen dimensionierten Zahlen, deren Einheit mit einer bestimmten Qualität zusammenfällt, bestimmt die reine Zahl die Anzahl der *Einheit schlechthin*. Diese ist *Eins*, die pure Form der Quantität ohne jede weitere Qualität. Insofern ist die Zahl *abstrakt*, weil deren Einheit *getrennt* (lateinisch: abstrakt) von jedem möglichen Inhalt dieser Einheit in der Wirklichkeit als bloße Eins existiert. *Unwirklich* ist diese Abstraktion deswegen nicht: Quantität, diese äußerliche Form einer Sache, gibt es ja wirklich, und zwar als gegen den Inhalt der Sache gleichgültige Größe, die verändert werden kann, ohne daß die Sache ihre Identität verliert. Ein Haus, ob groß oder klein, bleibt ein Haus.

Es hat Denkern verschiedenster Couleur gefallen, die Zahl dadurch zu blamieren, daß man sie auf eine Sphäre anwendet, in der sie zur Bestimmung der Sache nicht taugt, nur um ihre Leistung auf dem Gebiet zu leugnen, wo sie ihr Recht hat: «‹Die so hart befehdete Zivilisation beruhte auf dem herzlosen Einmaleins (...) Die Zahl tötet alles Wesentliche und Wirkliche, was ist eine halbe Vernunft, was ist ein Drittel Wahrheit?› Er hätte auch fragen können: Was ist ein grün angelaufener Logarithmus?» (Marx/Engels, MEW 3, 501)

Karl Grün, dem der viel gescholtene Karl Marx hier polemisch antwortet, wollte gewisse Unannehmlichkeiten des Manchesterkapitalismus der Herzlosigkeit der Zahlenwelt in die Schuhe schieben. Die Zeiten sind vorbei. Heute wird dergleichen bestenfalls noch bemüht, wenn studierte Eltern ihren Sprößling auf die Waldorfschule schicken, weil es mit dem Rechnen hapert.

So verbreitet derlei Fehlurteile über die Mathematik auch sind, bezüglich der gewünschten Interpretation des eingetretenen Mißerfolgs, die das betroffene Subjekt entlastet, leiden sie unter einem Mangel. Er faßt sich in folgendem Zweifel zusammen: Wenn die Mathematik per se so unverständlich sein soll, wie erklärt es sich dann, daß einige im Klassenverband ausweislich ihrer guten Noten den Stoff doch wohl verstanden haben, während man selbst als Verlierer dasteht? Die folgende Deutung will diesen Widerspruch vermeiden.

5.2 «Ungerechte Zensurengebung»

Auffällig ist, daß dieser Befund nicht nach ausgiebiger Prüfung der Zensurengebung im Allgemeinen und im Besonderen zustande kommt. Seine Quelle liegt schlicht darin, daß die eigene Zensur eine *schlechte* ist. Und diese Tatsache übersetzt sich in das Attribut *ungerecht*. Deshalb ergeht die Beschwerde auch nie seitens der «Einser»-Schüler, die ihre Noten natürlich für in höchstem Maße gerecht halten.

Die Kritik meint, daß die erbrachte Leistung eigentlich in Ordnung war. Nur die ungerechte Benotung betrügt den Schüler um den verdienten Erfolg. So übersetzt sich das verletzte Interesse in einen angeblichen Verstoß der benotenden Instanz gegen sich selber: Sie habe sich an ihre eigenen Maßstäbe, die der Schüler als Recht achtet und auf die er ein Recht hat, nicht gehalten, sei also *un*gerecht. Diese Diagnose geht in die Irre. Schlechte Noten ergeben sich nämlich nicht, von seltenen Ausnahmen abgesehen, aus einer böswilligen Unterbewertung einer eigentlich auch in den Augen des Lehrers blendenden Leistung. Sie sind das sachnotwendige Ergebnis des Zensurenmaßstabs, auf den sich unterlegene Schüler so gern berufen: Im *Vergleich* zur Gesamtleistung verliert jede individuelle Leistung in dem Maße an Gewicht, wie der Durchschnitt steigt. Konsequenterweise blamiert sich die ganze Kritik sehr schnell, wenn der gewiefte Pädagoge im Vergleich mit anderen Schülerarbeiten und deren Fehlerzahl belegt, daß die schlechte Note den Beschwerdeführer sehr zu Recht getroffen hat.

5.3 «Schlechte Lehrer»

Das stiftet zu neuen Ausflüchten an, warum sich der Erfolg nicht eingestellt hat. Zwar war die Leistung nun anerkanntermaßen daneben und insofern gerechterweise schlecht bewertet, aber schuld daran ist der Lehrer, der den Stoff «einfach nicht rüberbringt». Sei es, weil er in der Sache selbst nicht sattelfest ist, sei es, weil er didaktisch ungeschickt verfährt und die Klasse schon gar nicht zu motivieren vermag. So pädagogisch können Schüler argumentieren, wenn sie sich um einen Ertrag betrogen fühlen, der ihnen vermeintlich zusteht. Die Widerlegung allerdings ist auch in diesem Falle eine leichte Sache und wird zumeist von denen vorgenommen, die besser abgeschnitten haben: Da *alle* demselben Lehrer ausgesetzt waren, aber doch nur *einige* schlechte Zensuren zu beklagen haben, kann ja wohl der Lehrer selbst nicht der Grund des Übels sein. Die Aufforderungen zu einer ehrlichen Ursachenforschung bringt damit den Schüler selbst in den Verdacht, am Ende für sein Los verantwortlich zu sein.

5.4 «Faulheit»

Viele Schüler greifen tatsächlich zu der Selbstbezichtigung, daß sie durch ihre Faulheit den eigenen Mißerfolg herbeigeführt haben. Die anderen, Erfolgreichen wissen spiegelbildlich dazu, daß sie ihr gutes Ergebnis ihrem Fleiß verdanken.

Dabei liegt beiden Varianten der schon erläuterte Trugschluß zugrunde, daß die subjektive Anstrengung den Erfolg *garantieren* müßte. Wer sich der Faulheit bezichtigt, hat also die in der Schule *bezweckte* Produktion von Siegern und Verlierern zu einer *vermeidbaren* Sache erklärt, wenn sich nur alle gehörig anstrengen. Das ist das eine. Das andere ist die *Ehrenrettung* der Schülerpersönlichkeit, die in der Selbstanklage mitschwingt, man sei faul gewesen: Man *könnte* durchaus zu mehr kommen, wenn man nur wollte! So sind dann endlich beide Seiten im Einklang miteinander: Schule und Schüler. Der Schule bescheinigt man hehre Bildungsabsichten, sich selbst das Zeug zu Höherem, wenn die schlechte Note zu einem Betriebsunfall infolge Faulheit heruntergestuft wird.

Der kleine Widerspruch, daß die Adelung der Persönlichkeit hier mit einer Bezichtigung des Willens einhergeht, mögen manche nicht auf sich sitzen lassen. Ihren *guten Willen* lassen sie sich angesichts schlechter Zensuren nicht absprechen und greifen zu neuen Erklärungen ihres Scheiterns.

5.5 «Es fehlt jede Begabung»

Mit diesem Resümee geben nicht nur Schüler, sondern auch Pädagogen einen definitiven Befund über das Scheitern beim Lernen zum besten. Was aber ist Begabung? Ein pädagogisches Wörterbuch äußert sich folgendermaßen: «Begabung, die ‹Leistungsanlagen› (Leistungsdispositionen), die im wesentlichen vererbt werden. Die Begabung ist Voraussetzung späterer Fähigkeiten auf den verschiedensten Gebieten, z. B. des geistigen, künstlerischen, praktisch-technischen oder sportlichen Lebens.» (Hehlmann 1964, 42)

Begabung gilt also als wesentlich vererbte Voraussetzung und Ermöglichung jeder Leistung. Bei einem guten Rechner nimmt die Wissenschaft folglich eine mathematische Begabung an, bei einem schlechten diagnostiziert sie deren mindere Ausprägung oder gar Fehlen. Dabei besteht dieser Gedanke gar nicht in einer nachvollziehbaren Diagnose, sondern in einem falschen Zirkelschluß. Jede erbrachte mathematische Leistung soll eine dahinterliegende *Potenz* bezeugen, und der Beweis für deren Existenz liegt wiederum ganz und ausschließlich in der Leistung selbst. Im Umkehrschluß gründet also eine mangelhafte Leistung auf einem Begabungsmangel.

Damit wird das Phänomen einer Rechenleistung gar nicht erklärt, sondern bloß verdoppelt: Das eine Mal wird sie als *wirklich* erbrachte gewürdigt, das andere Mal als eine, die, weil realisiert, auch *möglich* gewesen sein muß. Und in dieser letzten Bestimmung bekommt sie einen anderen Namen, Begabung eben. Die *Wirklichkeit* mathematischen Könnens wird so mit seiner *Möglichkeit* begründet. Und das ist kein vernünftiger Schluß: Jemanden, der rechnen kann, der Frage auszusetzen, ob es ihm auch möglich ist, geht deswegen an der Sache vorbei, weil die Möglichkeit des Rechnens in seinem wirklichen praktischen Vollzug längst *eingeschlossen* ist.

Die Pädagogik aber hält an diesem Fehlschluß fest. Sie hat es auf diese nutzlose Tautologie abgesehen, daß alles Wirkliche auch möglich sei, weil sie die *Möglichkeit* des Rechnens wie ein *selbständiges Ding* namens Begabung neben das Rechnen stellen will. Diese Absicht ist darin kenntlich, daß der Begabung nachgesagt wird, sie sei wie ein Stück Natur vererbt, obwohl noch kein Wissenschaftler, geschweige denn ein Pädagoge, je das Begabungsgen der Mathematik nachgewiesen hätte.

Ihre Nutzanwendung findet die Begabungstheorie dann darin, daß sie die in der Schule erzeugten Wissensunterschiede auf quasi natürliche Begabungsdifferenzen der Individuen zurückführt und damit rechtfertigt: «Wenn sich jede Entwicklung in Lernprozessen realisiert, so wird man dort auf unterschiedliche Anlagen schließen, wo Lernprozesse bei sonst gleichen Bedingungen verschieden verlaufen.» (Aebli 1971, 169)

5.6 «Ich bin ein Versager»

Haben sich erst einmal die Mißerfolge im Fach Mathematik akkumuliert und als dauerhaft erwiesen, greifen Schüler häufig zu einer letzten psychologischen Interpretation. Sie halten sich fortan für einen mathematischen Versager. Während das Argument «Faulheit» den mangelnden *Willen* und der Verweis auf fehlende «Begabung» untaugliche *Fähigkeiten* am Individuum für dessen Scheitern verantwortlich macht, läßt das Versagerurteil beide Deutungen zu, weil es sich nur für eines interessiert: Es will das Scheitern als *Eigenschaft* des Subjekts festhalten, das den Anforderungen nicht gewachsen ist.

Der Anhaltspunkt für diesen Fehlschluß liegt für viele Schüler darin, daß auch fleißiges Üben und Nachhilfeunterricht nicht zum Erfolg geführt haben. Der Ausgangspunkt, der in dem Befund «Ich kann *Mathematik* nicht» liegt, erfährt deswegen eine nicht unbedeutende semantische Verschiebung: «*Ich* kann Mathematik nicht.» Den Schulunterricht zieht diese Interpretation als Erklärung für eigene Mängel ebensowenig heran wie die Tatsache, daß fleißige Übungen in einem konventionellen Nachhilfeunterricht in der Regel an die Wurzeln der mathematischen Fehler gar nicht heranreichen, also ein wirkungsvoller Beitrag zur Leistungsverbesserung gar nicht waren. Die Redeweise vom «Versager», die sich manche Schüler zu eigen machen, erhebt *Denk*fehler in den Rang einer irreversiblen *Eigenschaft* der Person. Und das ist verkehrt: Auch wer *falsch* denkt, betätigt seinen Geist in den Formen des Urteilens und Schließens, *verfügt* also über Voraussetzungen, um zu richtigen Ergebnissen zu kommen.

Fazit

Der Grund für die so verbreiteten Wissensdefizite auch und gerade im Fach Mathematik liegt in der schulischen Lernorganisation und ihrem Zweck: Eine Ausbildung, die unter dem Diktat einer Zeitvorgabe und unter dem Druck von Noten stattfindet, zielt auf die *Herstellung von unterschiedlichen Graden der Bildung*, die über den Ausschluß von bzw. Zugang zu weiterer Bildung entscheiden. «Schlaue» und «Dumme» sind das Produkt eines Unterrichts, der Auslese für eine Bildungshierarchie betreibt.

Daraus ergeben sich konsequent Lernbarrieren abgeleiteter Natur. Die Schule ruft nämlich bei den Schülern notwendig *Einstellungen* hervor, die für ein vernünftiges Lernen untauglich sind und getrost als *Lernhindernis Nummer zwei* bezeichnet werden dürfen. Wo ausdrücklich *für Noten* gelernt und die *Prüfungsrelevanz* zum maßgeblichen Kriterium der Stoffaneignung wird, da geht es nicht um das wirkliche Begreifen einer Sache, an der man interessiert ist. Das durch den Zensurendruck mehr oder weniger *erzwungene* Interesse orientiert sich am Geforderten, um es in Prüfungssituationen reproduzieren zu können. Dieses *unsachliche* Verhältnis zum Stoff bringt es mit sich, daß ein distanziertes Auswendiglernen der in der Schule gepflegte Ersatz für das vernünftige Erfassen eines Sachverhalts wird.

Lernhindernis Nummer drei schließlich ist in einer mathematischen Didaktik anzusiedeln, die sich auf die in der Schule erzeugten Wissensmängel ebenso falsch wie sachgerecht einstellt: Je *größer* der Mangel an Wissen und Kenntnissen, um so *weniger* wollen gewisse didaktische Ansätze Schüler mit Wissen «überfordern». Und damit bleiben die «Dummen» dumm. Auf diese

Weise wird das unterschiedliche Bildungsniveau zwischen Hauptschülern und Gymnasiasten, welches ein dreigliedriges Schulsystem *herstellt*, zur pädagogischen Berufungsinstanz für seine didaktische Fortschreibung im Unterricht.

Lernhindernis Nummer vier besteht schließlich in einer Besonderheit, welche der Mathematik zuwächst, sobald sie unter den Bedingungen des schulischen Unterrichts gelernt wird. Gerade der *wissenschaftliche* Charakter dieses Fachs und sein *logischer Aufbau* – beides an und für sich erfreuliche Voraussetzungen für geistige Klarheit bei der Durchdringung einer Sache –, werden zur Lernhürde, wenn die Ausbildung unter den Zeit- und Notendruck der Schule gestellt ist. Die Wissensmängel, die sich bei Individuen mit schlechterer Vorbildung oder langsamerem Lerntempo konsequent einstellen, wirken sich in allen nachfolgenden mathematischen Disziplinen, die auf vorgängigem Wissen basieren, in der Art einer Kettenreaktion negativ aus. So kommt es zu dem Paradox, daß ausgerechnet ein Fach von gediegener *Wissenschaftlichkeit* wie die Mathematik durch den *unwissenschaftlichen* Modus schulischen Lernens zum herausragenden Problemfach gerät.

Mißerfolge gehörigen Ausmaßes sind also vorprogrammiert. Ihre subjektive Verarbeitung greift dabei zu Deutungen, die von der Schule als Grund des eingetretenen Schadens nichts wissen wollen. Statt dessen führen die Betroffenen Klage über ungerechte Zensuren oder schlechte Lehrer, wenn sie nicht gleich zur Selbstbezichtigung übergehen und sich für unbegabt oder einen geborenen Versager halten. Falsche Interpretationen dieser Art geraten leicht zum *Lernhindernis Nummer fünf*. Wer es ernst meint mit der «Ungerechtigkeit» der Schule, sieht keinen Grund mehr für seine Lernbemühungen, läßt nach und macht so zum sicheren *Ergebni*s, was zunächst nur der *Ausgangspunkt* seiner falschen Interpretation war: der Mißerfolg. Nicht anders ergeht es häufig jenen, die sich auf die psychologische Sicht ihrer selbst als Versager verlegt haben. Entweder ein ernstes Bemühen um Erfolg findet gleich gar nicht mehr statt, oder die *Angst* vor dem Versagen sorgt prompt dafür, daß es in der Prüfungssituation wahr wird, weil ein Schüler sich auf nichts als seine Furcht vor dem Mißerfolg konzentrieren kann.

Am Ende sieht es dann zu allem Überfluß auch noch so aus, als hätten all diejenigen recht, die den *Subjekten* als Unwille oder Unfähigkeit zur Last legen, was in Wahrheit auf das Konto der *Schule* geht: die *Produktion* von abgestuften *Wissensmängeln* durch eine Ausbildung, die eine *Hierarchie* der Gebildeten bezweckt.

Wissenschaftliche Theorien zur Arithmasthenie / Dyskalkulie:
Vom Rechen*fehler* zur Rechen*schwäche*

Seit jeher bemüht sich die Mathematikdidaktik unter anderem auch darum, Schülerfehlern auf die Spur zu kommen. In jüngster Zeit mehren sich Beiträge unter dem Stichwort «Arithmasthenie» oder «Dyskalkulie», in denen Fehlleistungen im pränumerischen wie mathematischen Bereich des Lernens erörtert werden. Dabei liegt das Augenmerk fast immer auf der Tatsache, daß viele Fehler nicht die Folge mangelnder Konzentration oder einfach ein Produkt des Zufalls sind, sondern ein «System» haben: Sie sind Ausfluß einer falschen subjektiven Denkstrategie, die sich ein Mensch an einer Stelle des Lernprozesses zugelegt hat, weil er einen Sachverhalt nicht oder falsch verstanden hat. Insofern lassen sich zahlreiche Schülerfehler auf einen innermathematischen Grund zurückführen, der eben in einem vorgelagerten Fehler des mathematischen Begreifens angesiedelt ist. Solche Gründe gibt es natürlich viele, weil sie vom jeweiligen Fehler abhängen. Wer etwa 12 und 21 systematisch verwechselt, hat vermutlich das Stellenwertsystem nicht verstanden. Wer zwei Brüche addiert, indem er paarweise Zähler und Nenner zusammenzählt, weiß nichts von der Notwendigkeit einer gemeinsamen Einheit beim Addieren.

Im Unterschied zu solchen Ergebnissen, die durchaus in manchen Werken anzutreffen sind, zielt jedoch die Wissenschaft von der Rechenschwäche auf einen weitergehenden Befund grundsätzlicher Natur: Sie will an *allen* Fehlern *eine gemeinsame Qualität* entdecken, die darin liegen soll, daß Rechen*fehler* Ergebnis einer Rechen*schwäche* sind.

Dabei ist dieses Wort, das sich als Eindeutschung für die Fremdwörter Arithmasthenie oder Dyskalkulie eingebürgert hat, nicht einfach eine Bezeichnung dafür, daß jemand «schwach» im Rechnen ist, also gehäuft Fehler begeht. Es ist etwas anderes gemeint: Fehler, die beim Rechnen unterlaufen, sollen eine davon getrennt existierende beschädigte *Potenz*, ein gemindertes Vermögen beweisen, das diese Fehler hervorruft. Namen dafür gibt es viele: Begabung, Anlage, Intelligenz, «minimale cerebrale Dysfunktion» (MCD), «Teilleistungsschwäche» und andere mehr.

Leistungen des *Denkens*, die ein mit Wille und Bewußtsein begabter Rechner vollbringt, des öfteren leider mit falschem Resultat, erscheinen so als von ihm unabhängige *Wirkung* einer gestörten inneren *Kraft*. Am Ende dieser wissenschaftlichen Begriffsbildung sieht dann ein Mensch mit mangelhaften Rechenleistungen einem *Kranken* zum Verwechseln ähnlich, der einer *Heilung* bedarf. Es ist kein Zufall, daß zahlreiche Wissenschaftler den griechischen Ausdruck Arithmasthenie wählen, um ihrer Botschaft Ausdruck zu verleihen: αριθμοσ bezeichnet im Griechischen die Zahl, ασϑενεια die Krankheit. In wörtlicher Übersetzung spricht der Begriff Arithmasthenie also von einer «Zahlenkrankheit».

Dagegen ist zweierlei einzuwenden. Zum ersten ist diese Zurückführung von Mängeln im Umgang mit Ziffer und Zahl auf eine sogenannte Rechenschwäche wissenschaftlich unhaltbar, denn sie ist zirkulär. Einerseits sollen die *Fehler*, die beim Rechnen unterlaufen, eine davon getrennt existierende *defekte Potenz*, ein geschwächtes mathematisches Vermögen, belegen. Andererseits liegt der Beweis für die Existenz eines solchen geminderten Vermögens doch bloß wieder in den produzierten Rechenfehlern. Als selbständiges Ding, das als Ursache für Fehlleistungen bei mathematischen Operationen in Frage kommen könnte, ist eine Rechenschwäche auf diese Weise gar nicht entdeckt und bestimmt worden.

Zum zweiten lebt diese Betrachtung von einer verbreiteten

Ideologie über den Erfolg bzw. Mißerfolg beim schulischen Lernen. Die Rede von Begabungs- oder Intelligenzdefiziten, die Theorien über Teilleistungsschwächen oder gar eine MCD verwandeln Rechenmängel, die sich als Produkt der schulischen Bildung und ihres Ausleseauftrags notwendig bei einer Vielzahl einstellen, in einen persönlichen, quasi natürlichen Defekt der Betroffenen. Und das geht gehörig an der Sache vorbei.

1. Der Begriff der Rechenschwäche

Im genannten Prinzip sind sich die wissenschaftlichen Ansätze weitgehend einig. Unterschiede ergeben sich aus dem Weg, auf dem sie ihr Ziel verfolgen. Das beginnt bereits bei der inhaltlichen Bestimmung des Begriffs Rechenschwäche.

1.1 Eine phänomenologische Definition der Rechenschwäche: «akzentuiertes Rechenversagen»

Ein Wortführer der Dyskalkuliediskussion in der Schweiz definiert Rechenschwäche kurz und bündig als «akzentuiertes Rechenversagen im Schulleistungsbereich» (Grissemann/Weber 1982, 14).

Dem pflichten auch praktizierende Pädagogen bei, die betonen, «daß Dyskalkulie auf der Phänomenebene in einer Fehlleistung, einem hartnäckig fehlerhaften Verständnis eines mathematischen Inhalts besteht» (IML 1988, 34), und: «Rechenschwäche oder Dyskalkulie ist bei eskalierten und fixierten Rechenschwierigkeiten trotz normalem oder gutem sonstigen Lernniveau und bei angemessenem Schulunterricht gegeben (...).» (Atzesberger 1989, 38)

Den Erläuterungen ist gemeinsam, daß sie aus der *Häufigkeit* von Fehlern und ihrer *Dauerhaftigkeit* auf eine Rechenschwäche schließen. Dabei ist selbstverständlich das Phänomen gar nicht zu bestreiten, daß sich bei manchen Kandidaten Rechenfehler häufen und sich hartnäckig gegen Versuche behaupten, Abhilfe zu schaffen. Weniger einleuchtend ist dagegen, inwiefern sich daraus eine *neben* diesen Fehlern existierende besondere Mangelhaftigkeit ergeben soll. Denn daß ein Fehler sich als dauerhaft erweist, zeugt nur davon, daß *er* fortbesteht. Die Zeit, in der er existiert, fügt diesem Fehler nichts hinzu. Selbst wenn sich zu einem Fehler noch etliche andere hinzugesellen, bleibt doch die in Rede stehende Sache eine Anhäufung von Fehlern, die nicht dadurch eine neue Qualität gewinnen, daß sie im Plural auftreten. Selbstverständlich lassen sich viele dieser Fehltritte auf einen innermathematischen *Grund* zurückführen, der häufig in einem prinzipiellen Denkfehler besteht. Aber auch dieser ist nichts anderes als ein Fehler *spezieller Art.* Wie man die Sache auch dreht und wendet: Die Kategorien Anzahl, Art und Dauer benennen bloß *Eigenschaften* der besprochenen Fehler, sind also in ihnen *eingeschlossen* und zeugen nicht von einer *getrennt* davon bestehenden Qualität. Kein Fehler für sich gilt diesen Denkschulen als Beweis einer Rechenschwäche; aber die Kumulation solcher Einzelfälle *ohne* jede Beweiskraft soll den Beweis erbringen. Darin liegt die merkwürdige Unlogik des Verfahrens.

1.2 Eine Definition ex negativo: «fehlendes mathematisches Verständnis»

Den Mangel der ersten Definition versuchen die folgenden Ansätze zu überwinden, indem sie eine Rechenschwäche nicht als bloße Wiederholung von Fehlern darlegen, sondern eine daraus erwachsende neue Qualität mit einem eigenen Namen benennen wollen: «Arithmasthenie ist das Fehlen eines Verständnisses für die Mathematik, ihren Aufbau und ihre Operationen.» (Schöninger 1989, 94)

In eine ähnliche Richtung zielt das folgende Fazit: «Im Rahmen der Fehleranalyse wird Rechenschwäche definiert als *ku-*

mulierte und durch partielle Förderung nicht behebbare negative Lernbiographie, wobei die dünne und fehlerhafte Wissensbasis einen Lernzuwachs durch den alltäglichen Unterricht verhindert. » (Lorenz/Radatz 1993, 26, Hervorhebung im Original)

Wohlgemerkt, auch bei diesen Erläuterungen sind die Fakten unstrittig, auf die implizit Bezug genommen wird. Bei einem Schüler, der ständig nach einem falschen Verfahren schriftlich subtrahiert, liegt gewiß kein richtiges Verständnis der Sache vor. Man mag solche Mängel auch noch als Ergebnis gescheiterter Lernbemühungen auffassen, die sich im Laufe der Zeit angehäuft haben und weiteres Lernen erschweren, wie es der Hinweis auf eine «kumulierte negative Lernbiographie» tut.

Dennoch ist zweierlei an diesen Definitionsversuchen unübersehbar. Zum ersten sehen sie vollständig von der besonderen Qualität der zur Debatte stehenden Fehler ab, obwohl doch gerade dieser der Hinweis auf eine vorliegende Rechenschwäche entnommen sein soll. Es ist nicht mehr auszumachen, *was* ein Schüler falsch macht, wenn über ihn das Urteil ergeht, *daß* er etwas verkehrt macht, weil er über ein richtiges Mathematikverständnis nicht verfügt. Die *positive* Eigenart eines Fehlers wird so negativ durch etwas näher bestimmt, das er *nicht* ist: fehlendes Mathematikverständnis. Überdies ist nicht einzusehen, inwiefern beispielsweise ein schlechter Bruchrechner, der sich mit einem sehr *speziellen* Unwissen abmüht, dadurch ein darüber hinausgehendes *allgemeines* Unverständnis offenbaren sollte, das gleich die Mathematik insgesamt betrifft. Wer *verkehrt* denkt, *denkt* verkehrt, bringt also alle geistigen Operationen des Urteilens und Schließens zur Anwendung, wie sie beim Erlernen nicht nur der Mathematik gefragt sind.

Zum zweiten sind diese Definitionsversuche ihrem Ziel nur scheinbar näher gekommen. Zwar hat die Sache nun einen eigenen Namen bekommen: «kumulierte negative Lernbiographie», «fehlendes Verständnis für die Mathematik». Aber als selbständiges Ding, das als Ursache für Rechenfehler in Frage kommt, ist eine Rechenschwäche auf diese Weise gar nicht abgeleitet worden. Denn worin besteht das fehlende Verständnis oder die negative Lernbiographie anders als in den Fehlern, die ein Schüler macht? Damit ist das gesamte Verfahren als Zirkel kenntlich: Fehler gelten als Indiz einer Arithmasthenie, deren ganzer Inhalt sich doch bloß wieder als die Ansammlung von Fehlern präsentiert, von der man ausging. Ein Erkenntnisgewinn ist schwerlich absehbar, weil derselbe Sachverhalt unter anderem Namen nur wiederholt wird: Der Kandidat macht Fehler.

So wird der zweite Definitionsversuch auf das Dilemma des ersten zurückgeworfen: Wenn die besondere Eigenart von Fehlern, die mit dem Begriff Arithmasthenie getroffen sein soll, sich darin auflöst, *daß* sie begangen werden, dann bedarf es wieder einer Unterscheidung, welche dyskalkulierelevante von gewöhnlichen Fehlern abhebt. Und dafür bieten sich wiederum nur die bereits besprochenen Attribute an, welche im Definitionsversuch von Lorenz und Radatz anklingen: Anzahl von Fehlern («kumuliert»), Dauerhaftigkeit («durch partielle Förderung nicht behebbar»).

Den bisherigen Anläufen zur Begriffsbestimmung einer Rechenschwäche ist derselbe Widerspruch eigen: *Quantitative* Eigenschaften von Fehlern wie deren Zahl oder Dauerhaftigkeit sollen eine besondere *Qualität* belegen. Dieser Widersinn wirft selbstverständlich die Frage nach dem *Maß* auf, ohne eine Antwort zu geben: *Wie viele* Fehler mit einer *wie hohen* Lebensdauer müssen vorliegen, damit man von arithmasthenen Defiziten reden kann? Auf diese Frage antwortet die folgende dritte Kategorie von Definitionsversuchen der Rechenschwäche.

1.3 Diskrepanz-Definitionen: Intelligenz, Schulleistung und «Underachievement»

Definitionen dieses Typs wollen die arithmasthene Qualität von Fehlern in einem *Vergleich* ermitteln, der diese Fehler in ein Verhältnis zu zwei anderen Größen setzt: Intelligenz und Schulleistung. Die Fehlerquote wird gemessen an einer aufgrund der Intelligenz erwartbaren Leistung bzw. am schulischen Leistungsdurchschnitt Gleichaltriger. Eine signifikante Abweichung nach unten gilt dann als «Underachievement»[8], als Minderleistung, die eine Rechenschwäche indiziert. Daher der Name Diskrepanzdefinition. Darin faßt sich die folgende Begriffsbestimmung zusammen: «Als erste Definition[9] bestimmt Grissemann Dyskalkulie als ‹Teilleistungsschwäche bei mindestens durchschnittlicher Intelligenz› (Grissemann/Weber 1982, 14).» (Lobeck 1992, 81)

Näher ausgeführt begreift er die «Rechenschwäche als Teilleistungsschwäche bei normaler Intelligenz und mindestens genügendem Leistungsstand in anderen Schulleistungsbereichen.

Die Gruppe dieser Kinder verfügt (…) über eine durchschnittliche intellektuelle Leistungsfähigkeit und weist mindestens genügende Leistungen in anderen Schulfächern auf (z. B. Lesen, Rechtschreiben, handwerklicher Unterricht). Die Schüler haben aber Schwierigkeiten im Rechnen.» (Lobeck 1992, 82)

Diese Bestimmung der Rechenschwäche geht von zwei Voraussetzungen aus. Erstens ist eine durchschnittliche oder normale Intelligenz der Schüler unterstellt, wie der Autor sagt. Dies deshalb, weil er bei einer geminderten Intelligenz wie selbstverständlich schlechte Leistungen auf *allen* Gebieten, also auch beim Rechnen vermuten würde. Damit wäre gerade die Besonderheit verfehlt, auf die es ankommt: Nicht eine *allgemeine* Leistungsminderung, sondern eine spezielle *Rechen*schwäche soll ermittelt werden. Zum zweiten wird dementsprechend vorausgesetzt, daß die Leistungen in anderen Schulfächern zufriedenstellend sind. Denn nur dann liegt nach Auffassung des Autors eine *isolierte* Minderleistung im Rechnen vor, welche die Rede von einer Rechenschwäche rechtfertigen könnte, die nicht mit einem allgemeinen Intelligenzmangel und dementsprechend niedrigem Leistungsniveau auf anderen Gebieten einhergeht. So weit zur Gedankenführung der Definition.

Der Fehler dieser Begriffsbestimmung nimmt bereits seinen Auftakt mit einem stillschweigend übernommenen Theorem, das zum Kern der pädagogischen Psychologie gehört. Gemeint ist die Auffassung, Erfolge wie Mißerfolge eines Menschen bei seinem geistigen und praktischen Tun seien durch eine innere Kraft namens Intelligenz bestimmt. Intelligenz gilt als die «Fähigkeit zu lernen» (Arnold 1971, 210) oder auch als die «Fähigkeit (…), Aufgaben mit Hilfe des Denkens zu lösen» (Dorsch 1987, 311).

Wann immer jemand lernt oder unter Zuhilfenahme seines Geistes eine Aufgabe meistert, hat er aus psychologischer Sicht eine in ihm liegende *Fähigkeit* dazu betätigt, Intelligenz genannt. Daß einer *kann*, was er *macht*, ist eine Trivialität, weil im Machen das Können längst eingeschlossen ist. Die Psychologie aber macht das Können zu einer *neben* allen praktischen und geistigen Betätigungsweisen liegenden Kraft, welche den unterschiedlichen Erfolg der Menschen in Ausbildung und Beruf ebenso begründen wie begrenzen soll: «Jeder wie immer gearteten Leistung soll eine Potenz zugrunde liegen, die *alles* möglich macht, indem sie *nichts Bestimmtes* enthält; ein Vermögen also, das einem inneren ‹Stein der Weisen› gleicht und jedes Vermögen erwerblich macht. Und das ist absurd. Denn einerseits wird nicht behauptet, diese Potenz erspare einem die Aneignung irgendeiner Kenntnis. Daß man sich jedes Stück Wissen immer neu erarbeiten muß, soll ja gar nicht bestritten werden. Aber kaum ist es erarbeitet, soll die neue Kenntnis nicht auf diese Tätigkeit des

Geistes zurückgehen. Unterschiede im Wissen und Können gelten nämlich nicht als Hinweis darauf, daß die Individuen offenbar recht unterschiedlichen Gebrauch von der Tatsache machen, daß sie allesamt über einen Geist verfügen. Diese rationelle Feststellung würde die ganze Absicht konterkarieren, den Individuen mit dem Verweis auf die Intelligenz eine ihren Verstandesgebrauch beschränkende Kraft anzudichten.» (Huisken 1991, 112, Hervorhebung im Original)

Grundlage der oben skizzierten Diskrepanzdefinition ist also die falsche Gleichung von Intelligenz und Leistung. Darauf aufbauend wird nun ein isolierter Rechenmangel als Leistungs*abweichung* von einer durch die Durchschnittsintelligenz gesetzten und erwartbaren Normalleistung gedeutet: «Correll umschreibt sie (die isolierten Leistungsschwächen; R. R.) im Handbuch der Sonderpädagogik wie folgt: ‹Wenn die Lernleistung unter das Niveau absinkt, das durch psychische Entwicklung und Begabung angedeutet wird.›» (Lobeck 1992, 79)

Dem ist zweierlei entgegenzuhalten. Zum ersten gerät die psychologische Theorie der Intelligenz durch diesen Erklärungsversuch in einen immanenten Widerspruch. Denn die Intelligenz gilt allgemein als *Grund* der Leistung, der ihr Niveau bestimmt, und gleichzeitig soll im speziellen Fall der Rechenschwäche die Leistung von ihrer Determination durch die Intelligenz *abweichen*. Leistung ist also abhängige wie unabhängige Variable, Intelligenz ist bestimmend wie bedeutungslos hinsichtlich der Leistung. Dieser Widerspruch ist notwendig: Weil Arithmasthenie als Beeinträchtigung eines prinzipiellen Vermögens, einer Potenz, dargestellt werden soll, greift der Ansatz auf die pädagogisch-psychologische Lerntheorie zurück. Danach ist die Intelligenz Grund und Motor der Leistung. Weil es aber um den Nachweis einer *singulären* arithmetischen Minderleistung im Unterschied zu anderen geht, muß die Intelligenz zugleich partiell als dieser Bestimmungsgrund außer Kraft gesetzt werden. Um mit Hilfe der Intelligenztheorie das Spezielle erklären zu können, muß der Ansatz gegen das Allgemeine verstoßen.

Zum zweiten erhebt sich die Frage, worin eigentlich das «Niveau» bestehen soll, das durch die «Begabung» – sie ist im Zitat ein Synonym für Intelligenz – «angedeutet wird». Welchen Gehalt also hat die «durchschnittliche intellektuelle Leistungsfähigkeit», von deren Leistungsniveau ein Arithmastheniker in der obigen Diskrepanzdefinition abweichen soll? Dazu erhält man folgende Auskunft: «Der Begriff der durchschnittlichen intellektuellen Leistungsfähigkeit ist oft etwas verwirrend. Wir können darunter auch ‹Normalschulfähigkeit› verstehen. Eine solche Ausdehnung der intellektuellen Leistungsfähigkeit auf Normalschulfähigkeit beinhaltet, daß die Bestimmung der Intelligenz nicht an die Ergebnisse eines bestimmten Intelligenztestes gebunden ist. Normalschulfähigkeit bedeutet, daß wir den Kindern attestieren, den Stoff der Lehrmittel grundsätzlich erarbeiten zu können.» (Lobeck 1992, 82)

Damit werden die intelligenten Leistungen auf ihren harten Kern zurückgeführt: durchschnittlich gut ist, was die *Schule* als durchschnittlich gut bewertet.[10] Damit ist kein Geheimnis mehr, *wovon* eine Rechenleistung abweichen muß, um sich das Urteil «Rechenschwäche» zuzuziehen: «Eine Schwäche ist meßbar, und ihre jeweilige Ausformung ist im Vergleich zu dem begründet, was von der Alters- oder der jeweiligen Klassennorm an Leistungserwartungen festgelegt ist. (…) Die quantitative Erfassung ist festgelegt auf das, was in der Schule z. B. mit Zensuren/ Noten (…) gemessen und beurteilt wird.» (Lobeck 1992, 78)

Die Rechenleistung eines dyskalkulieverdächtigen Schülers wird also am Zensurendurchschnitt der Altersgruppe oder Klasse gemessen. Das sieht nach einem leicht handhabbaren Verfahren zur Diagnose einer Dyskalkulie aus, geht aber vollständig in die Irre. Denn erstens erfährt man auf diese Weise wieder nicht, was eine Rechenschwäche *ist*. Bestimmt wird sie negativ per Vergleich: Sie weicht von der Durchschnittsleistung ab. Damit ergibt sich zweitens sofort das Problem des Maßes: Um *wieviel* muß sie abweichen, damit eine Minderleistung als Rechen*schwäche* gilt?

«Hier ergibt sich das Problem des Unterschiedsmaßes: Wie weit müssen die Leistungen (...) auseinanderklaffen, damit ein Schüler als rechenschwach klassifiziert werden darf/soll? Reicht eine Note, müssen es drei sein? (...) Der Schnitt, welcher auch immer, erscheint willkürlich (...).» (Lorenz/Radatz 1993, 16)

Dem ist beizupflichten. Mit einem Zusatz: Die Willkür fängt nicht erst bei der Bestimmung des *Unterschieds*maßes an, sie liegt bereits fix und fertig vor im *Maßstab*, der zur Messung herangezogen wird: Leistungsdurchschnitt und Zensuren (vergleiche Abschnitt B, Kapitel 1.2).

Bereits die Zuordnung von Fehlerzahl und Note in einer Klassenarbeit ist ein Akt reiner *Setzung*. Da einem Ergebnis von etwa acht Fehlern nicht auf die Stirn geschrieben steht, ob dies einer «guten» oder nur «ausreichenden» Leistung entspricht, nimmt der Pädagoge diese Verknüpfung in eigener Regie vor. Die Willkür, die diesem Verfahren innewohnt, ist damit offenkundig. Andererseits ist der Zweck unübersehbar, dem diese Willkür folgt. Das differenzierte Notenbild einer Klassenarbeit hat nämlich nach dem Willen von Behörden und Pädagogen idealerweise der wahrscheinlichkeitstheoretischen Normalverteilung, der sogenannten Gaußschen Glockenkurve, zu entsprechen. Gemeint und angestrebt ist damit, daß sich die Mehrzahl der Schüler in den mittleren Notenkategorien von Zwei bis Vier wiederfindet, wohingegen die kleinere Zahl an den beiden Extremen anzusiedeln ist. Damit sich das gewünschte Ergebnis einstellt, ist der Pädagoge zu einer Manipulation angehalten, die darin besteht, die von ihm definierte Totalleistung vom Durchschnitt der *tatsächlich* erbrachten Leistungen der Lerngruppe abhängig zu machen. Liegt die Fehlerquote des Gros beispielsweise zwischen zehn und zwanzig Fehlern, so würden nach diesem Verfahren fünf Fehler zu einem «sehr gut» führen. Dieselbe Fehlerzahl würde in einem anderen Klassenverband, dessen Ergebnisse mehrheitlich zwischen zwei und acht Fehlern schwanken, nach derselben Logik gerade noch ein «ausreichend» auf sich ziehen.

Der Maßstab also, an dem eine arithmasthenieverdächtige Leistung gemessen wird, ist selbst gar nicht ein objektives Fixum, sondern eine *variable* Größe. Wer in einer Klasse hervorragender Mathematikschüler als Rechenversager auffällig wird, kann in einer anderen Klasse minder guter Rechner als Durchschnitt durchgehen, weil dort eine vergleichsweise geringere Rechenfertigkeit zu guten Noten führt. Insofern *erhebt* das zum Einsatz gebrachte Meßinstrument, der Vergleich der individuellen Leistung mit dem Zensurendurchschnitt einer Klasse oder Altersgruppe, nicht eine etwaige Rechenschwäche, es *erzeugt* sein eigenes Meßergebnis. Denn was als Rechenleistung oder Rechenversagen gilt, hängt ganz vom jeweiligen Leistungsdurchschnitt ab, an dem Maß genommen wird.

Auch die Diskrepanzdefinition behebt also nicht den Mangel der vorangegangenen Begriffsbestimmungen: Eine selbständig existierende Qualität namens Rechenschwäche ist neben den Rechenfehlern gar nicht ausfindig gemacht. Statt dessen haben sich Definitionen eingestellt, die wahr machen, was der Begriff der Definition sagt: Wann Rechenfehler Rechenschwäche heißen, verdankt sich ganz einer *subjektiven Setzung*. Arithmasthenie *ist*, was ein Wissenschaftler *dafür hält*. Und da es diesbezüglich viele verschiedene Neigungen und Ansätze gibt, besteht die wissenschaftliche Diskussion in einem unauflöslichen Meinungsstreit, wie folgendes Resümee leicht resigniert feststellt: «Daß es eine Rechenschwäche als isolierte schulische Minderleistung gibt, ist unumstritten, wohl hingegen das, was genauer darunter zu verstehen ist und was dieses Erscheinungsbild bewirkt (...). Das Definitionsproblem wurde daher vorerst zurückgestellt und hat der Frage nach den Ursachen der Rechenschwäche und den Möglichkeiten ihrer Erkennung und Behebung Platz gemacht.» (Lorenz/Radatz 1993, 16)

Was eine Rechenschwäche ist, weiß also niemand zu sagen. Daß sie existiert, gilt aber als sicher. Also werden Ursachen für etwas gesucht, das niemand kennt. Warum auch Mathematiker dieser merkwürdigen Unlogik folgen, wird sich gleich zeigen.

2. Wissenschaftliche Beiträge zur Ursachenforschung

Die Ursachen der Arithmasthenie werden im wesentlichen unter drei verschiedenen Titeln erörtert. Historisch markiert die Konzeption der «minimalen cerebralen Dysfunktion» (MCD) den Ausgangspunkt.[11] Hinzu trat die Theorie der «Teilleistungsschwäche». Schließlich werden noch «Lern- und Sozialisationsbedingungen» als Ursachen einer Rechenschwäche diskutiert.

2.1 Der Begriff der «minimalen cerebralen Dysfunktion» (MCD)

In der Literatur wird gern darauf hingewiesen, «daß bereits die Ägypter Gehirnverletzungen als kausal für Lernprobleme» (Lorenz 1991, 23) annahmen. Wohl deshalb, weil damit einer Auffassung Tradition und höhere Weihen beigelegt werden, die auch heutzutage noch üblich ist und in England unter dem Namen «minimal brain damage» (Steinhausen 1992, 4) Furore machte. Diesem Ansatz entsprechend, der bei Lern- und Rechenmängeln von einem «geringfügigen Gehirnschaden» ausgeht, findet sich in pädagogischen Handbüchern das Stichwort «hereditäre Dyskalkulie» (Nissen 1977, zitiert nach Lorenz 1991, 14). Rechenfehler zu machen ist demnach erblich, zumindest in gewissen Fällen.

Dazu ist zunächst zu bemerken, daß selbstverständlich organische Schädigungen des Gehirns vorkommen und nicht zu leugnen sind. Selbiges gilt von der dadurch möglicherweise ausgehenden Beeinträchtigung geistiger Akte. Wo die organische

Grundlage des Denkens, das Gehirn, beschädigt ist, stellen sich auch Folgen für das Bewußtsein und die Produktion von Gedanken ein. Solche biologisch-medizinischen Zusammenhänge liegen jenseits unserer Betrachtung.

Dennoch ist zweierlei hinzuzufügen. Erstens: Es ist mehr als fraglich, ob Befunde dieser Art überhaupt Aufklärung über spezielle *mathematische* Fehler erbringen könnten. Denn wenn infolge eines Hirnschadens die Voraussetzung *jedweder* geistigen Betätigung defekt ist, so wäre daraus eine spezifisch mathematische Fehlleistung kaum zu erklären, weil das Denken schlechthin betroffen wäre. Einen biologischen Nachweis, welches Gen oder welches Hirnsegment der mathematischen Gedankenwelt zuzuordnen ist, hat niemand geführt: «Es erscheint aussichtslos, nach einem Rechenzentrum zu fahnden oder eine isolierte Rechenstörung bei Hirnschädigungen zu erwarten. Das Rechnen ist ein Denkakt, der in seinen Voraussetzungen und sprachlich-schriftlichen Ausdrucksformen Wahrnehmungen und Vorstellungen verschiedener Kreise zusammenfaßt.» (Geller 1952, 193)

Zweitens: Selbst wenn eine solche Lokalisierung vorläge, auch ein Teilorgan ist nicht mehr und nicht weniger als die biologische *Voraussetzung* des Denkens, nicht aber der *Produzent* bestimmter Gedankeninhalte. Gerade so, wie die Extremitäten des Menschen zwar die Grundlage des Laufens darstellen, ihm aber keineswegs den Gang in die Schule vorschreiben. Die ganze Hypothese einer fehlenden oder beschädigten organischen Grundlage der geistigen Tätigkeit geht an einem alles entscheidenden Umstand vorbei: Wer Rechenfehler macht, hat nicht *nicht*, sondern *falsch* gedacht. Wer aber denkt, fällt Urteile, zieht Schlüsse, kann also auch Schlüsse anderer nachvollziehen, die ihm einen Fehler nachweisen. Mit anderen Worten: Rechen*mängel*, wie gehäuft auch immer sie auftreten mögen, sind Ergebnis eines *betätigten* und nicht eines außer Gefecht gesetzten Geistes.

Das Merkwürdige ist nun, daß besagte organische Schäden

nicht nur außerhalb *unserer* Betrachtung liegen. Sie liegen gleichermaßen jenseits der Theorien, die mit dem Begriff der Hirnschädigung operieren und sich als neuropsychologische oder psychiatrische Beiträge zur Arithmastheniediskussion verstehen. So gibt Steinhausen, Mediziner an einer psychiatrischen Klinik, folgende aufschlußreiche Begründung dafür, warum der Begriff «minimal brain damage» an Bedeutung verlor: «Angesichts des fehlenden Nachweises anatomischer Substratschädigungen und der oft ‹leeren› Anamnese von Kindern mit Perzeptions- und Lernstörungen» (Steinhausen 1992, 4) empfal es sich, einen neuen Begriff zu prägen, der gleich zur Sprache kommen wird. Deutlich ist damit so viel: Die Konzeption des «minimal brain damage» enthält keinen wirklich medizinisch-biologischen Befund über eine Hirnschädigung. Ganz *ohne* jeden Nachweis gilt die bloße *Vermutung* als *gültige Diagnose*.

Die zur Bereinigung geschaffene begriffliche Neuschöpfung läßt diese Ungeheuerlichkeit nicht hinter sich, sondern operiert mit ihr: «Innerhalb der Neurologie und durch Befunde der Neuropädiatrie gestützt, veränderte sich das Konzept der läsionalen Rechenschwäche und wurde anders gefaßt. Es interessierten in stärkerem Maße solche Störungen kognitiver Funktionen, die auch ohne nachweisbare punktuelle Cerebralläsion auftreten, in ihrem Erscheinungsbild aber jener ähneln können. So führte Clements (1966) den Terminus ‹minimale cerebrale Dysfunktion› (MCD) ein.» (Lorenz 1991, 25 f)

Eine solche «cerebrale Dysfunktion» liegt vor, wenn Schüler «bei fast durchschnittlicher, durchschnittlicher oder überdurchschnittlicher Allgemeinintelligenz bestimmte Lern- oder Verhaltensstörungen aufweisen, die von schwach bis schwerwiegend reichen und mit Funktionsabweichungen des Zentralnervensystems verbunden sind.» (Clements 1966, 9 f, zitiert nach Lorenz 1991, 26)

Die Rede ist eingangs von Rechenstörungen *mit* wie *ohne*

«punktuelle» Hirnschädigung. Sieht man einmal davon ab, daß gerade der erste Fall seiner Nichtigkeit überführt wurde und nur deswegen ein neuer Begriff gefragt war, wird hier eine merkwürdige Logik verfolgt: Ähnliche Wirkung, vergleichbare Ursache, so lautet der Schluß. Danach *gilt* eine Rechenstörung *ohne* jeden nachgewiesenen Hirnschaden *wie* eine *mit* organischer Schädigung, eben weil beide angeblich dasselbe Erscheinungsbild haben. So als wären Grippe und Cholera dasselbe, nur weil sich in beiden Fällen das «Erscheinungsbild» Fieber einstellt.

Der neu geschöpfte Begriff der «minimalen cerebralen Dysfunktion» *assoziiert* also einen Hirnschaden mit Rechenstörungen, ohne ihn zu *behaupten,* und spricht sich damit von jeder Nachweispflicht frei: «Mehr und mehr wurde und wird es zur Regel, MCD aufgrund von Wahrnehmungs- oder Motoriktests zu diagnostizieren. Personen mit *nachgewiesenen* Schädigungen zeigen z. T. massive Ausfälle in diesen Bereichen. Ergo schließt man auf *leichtgradige* Schädigungen unterhalb der physiologischen Nachweisschwelle, wenn eine Person in solch einem Test (minder schwere) Ausfälle zeigt. (…) Mit der Aufgabe einer organischen Nachweispflicht gerät das MCD-Konzept in die Nähe einer Tautologie.» (Kretschmann 1993, 10)

Diesen, milde gesagt, Fehlschluß halten etliche Pädagogen und Neuropsychologen gerade für die lobenswerte Leistung des Begriffs: «Damit wurde einerseits der Funktionsbegriff statt des Schädigungsprinzips als eines ätiologischen Konzeptes mit ungewisser Gültigkeit in den Vordergrund gerückt und andererseits das Prinzip des Kontinuums zum Ausdruck gebracht: Leichte oder minimale Störungen liegen mit schweren traumatischen Hirnschädigungen auf einem Kontinuum. Diese begriffliche Fassung der Minimal brain dysfunction wurde in der angelsächsischen Literatur über Jahrzehnte bestimmend (…).» (Steinhausen 1992, 4)

Die Behauptung einer krankhaften Schädigung, deren Gültigkeit gar nicht gesichert ist, wird also nicht widerrufen, sondern erhält sich im Hintergrund. Im Vordergrund steht dann eine Ersatzbehauptung, welche an der *Funktion* des Organs den Befund wiederholt, der an ihm selbst unterlassen werden soll: Sie ist defekt oder gestört. Rechenmängel werden unter dem Stichwort Arithmasthenie [12] dann *wie* ein Organschaden gehandelt, der nicht so genannt wird, weil man *ihn* als seine *Wirkung* ausdrückt: Funktionsstörung. Dieser Fehler liegt der Idee des «Kontinuums» zugrunde, die in der Absurdität besteht, bloße Rechenfehler und eine Hirnschädigung erst zu *unterscheiden,* um sie dann für *ununterscheidbar* zu erklären. Die Absicht, den *ausgesprochenen* Unterschied zu *verwischen,* siedelt beides auf einem «Kontinuum» an, also grafisch gesehen einer stetig verlaufenden Linie. Will sagen: Ein Sprung, der die Differenz beider kenntlich macht, existiert nicht. Also geht das eine in das andere über, so daß beides zu Recht miteinander verwechselt werden darf, ohne daß man sich eine Verwechslung vorwerfen lassen müßte. Frei nach dem Motto: Man sagt ja nicht, man meint ja bloß.

Warum hängen pädagogische Psychologen so sehr an *biologischen* – oder besser gesagt: pseudobiologischen – Diagnosen bei Lernmängeln, obwohl diese nach eigener Auskunft medizinisch gesehen gar nicht haltbar sind? Was ist gewonnen mit dem begrifflichen Wechsel vom «minimal brain damage» hin zur «minimalen cerebralen Dysfunktion»? Nur das eine: Die Behauptung einer *natürlich* verursachten Lernstörung wird so aufrechterhalten, daß sie sich gegen den Vorwurf des *Biologismus* immunisiert.

Bemerkenswert und kennzeichnend für die pädagogische Psychologie ist beides. Es gehört nämlich seit jeher zu den Fundamenten dieser Disziplin, die durch das Schulwesen *hergestellte* Bildungshierarchie als Abbildung *natürlicher* Anlage-, Begabungs- oder Intelligenzunterschiede zu legitimieren. Konsequenterweise gilt nicht nur ein Lernerfolg als Wirkung einer solchen quasi organischen Potenz, sondern im Umkehrschluß ein Mißerfolg je nach Ausmaß als Ergebnis einer geringen oder gar defekten Anlage. Und ebenso gehört es schon immer zum Usus der Disziplin, diese Position mit einem konstruktiven Zweifel zu belegen. Nicht, weil man sie einfach für falsch hielte, sondern weil Pädagogen daran eine implizite *Konsequenz* mißfällt, die ihrem Metier seine Berechtigung abspricht: Wenn sogenannte Lern- oder auch Verhaltensstörungen auf eine *natürliche* Ursache zurückgeführt und damit in den Rang einer Krankheit erhoben werden, dann ist dagegen das Geschäft der Bildung und Erziehung machtlos, also überflüssig. Wo diese Konsequenz durchklingt, kommen ansonsten geschätzte Argumente über Anlagen und Begabung als *Biologismus* in Verruf, vor dem sie gerettet werden müssen.

Dieser immanente Widerspruch der pädagogischen Psychologie ist der Grund dafür, warum auch die Konstruktion der MCD, obwohl sie bereits die Vorgängerkonzeption um den geschmähten Biologismus bereinigen sollte, Gegenstand der Kritik geworden ist: «Die Diagnose einer MCD wirft (...) auch insofern ein prognostisches Problem auf, als der Begriff der *zerebralen* Dysfunktion die jeweilige Störung als überdauernd und relativ therapieresistent erscheinen läßt.» (Lorenz 1987, 60, Hervorhebung im Original)

Die Hervorhebung im Original macht den Stein des Anstoßes sinnfällig. Auch die MCD spricht für den Geschmack des zitierten Autors noch zu sehr von einer *zerebralen* Beeinträchtigung, also einem Hirnschaden.

Und das ist schlicht *unerwünscht*, weil eine solche Diagnose verlangt ist, die «Therapie» notwendig und nicht überflüssig macht, weil sie ohnehin nichts bewirkt. Das hat die Wissenschaft zu einem neuen Begriff beflügelt.

2.2 Die Theorie der «Teilleistungsschwäche»

Aus den genannten Gründen erfreut sich die Theorie der sogenannten Teilleistungsschwäche großen Zuspruchs: «Es erschien günstiger, ihn (den Begriff der MCD, R. R.) durch den Begriff der ‹Teilleistungsschwäche› zu ersetzen, der weniger auf die Ätiologie der Störung als auf das Erscheinungsbild abhebt» (Lorenz 1991, 26), und: «Hierbei spielt weder die diagnostisch gesicherte noch theoretisch fundierbare Lokalisation einer Zerebralschädigung eine wesentliche Rolle.» (Lorenz 1987, 60)

Schöpfer des neuen Begriffs ist Graichen, nach dem Teilleistungsschwächen aufzufassen sind «als Leistungsminderung einzelner Faktoren oder Glieder innerhalb eines größeren funktionellen Systems, das zur Bewältigung einer bestimmten komplexen Anpassungsaufgabe erforderlich ist.» (Graichen 1973, zitiert nach Esser 1992, 187)

Dabei wird davon «ausgegangen, daß komplexe kognitive Funktionen aus Teilfunktionen zusammengesetzt sind, deren reibungsloses Zusammenspiel erst einen Handlungsablauf ermöglicht. Störungen der Gesamtfunktion basieren somit auf dem dysfunktionalen Operieren von Elementarprozessen, die das System konstituieren.» (Lorenz 1987, 60 f)

Das Bemühen, die apodiktische Härte eines medizinisch diagnostizierten Organschadens zu vermeiden, ist an der Wortwahl kenntlich: Nur in *Teilen* liegt eine *Schwäche* einer ansonsten durchaus noch *vorhandenen* Leistung vor. Dennoch, auch wenn sich der Terminus Teilleistungsschwäche wie ein Diminutiv liest, der darin ausgesprochene Gedanke bleibt ganz den auf die Natur passenden Kategorien von Ursache und Wirkung, Kraft und Äußerung verhaftet in einer Sphäre, wo es in Wahrheit um einen geistig begabten freien Willen geht.

Wie soll man sich Rechen- oder Schreibfehler – die Theorie widmet sich der Arithmasthenie wie Legasthenie gleichermaßen

– als Folge von *Störungen einer Gesamtfunktion* denken? Eine richtige Rechnung ist keine *Funktion* des Gehirns oder psychischer Prozesse, eine falsche keine Wirkung *gestörter* Funktionen. Denn in dieser Eigenschaft wären Gedanken eine *abhängige Variable* von Voraussetzungen, die dem Willen und Bewußtsein entzogen sind, mögen sie nun «Gehirn» oder «Prozeß» heißen. Dieser Determinismus blamiert sich bereits daran, daß auch die sogenannten Normalen, die in den Augen dieser Theorie über einen intakten psychischen bzw. intellektuellen Apparat verfügen, durchaus nicht immer und über jeden Sachverhalt *dasselbe* denken, wie dies nach dieser Logik der Fall sein müßte. Die Ausflucht, die Menschen hätten eben *verschiedene* funktionelle Ausstattungen oder zu jedem Zeitpunkt verschieden *entwickelte*, hilft da nicht weiter. Wer nämlich in einem Meinungsstreit, um bei dem Beispiel zu bleiben, *argumentiert*, also sein Gegenüber unter Zuhilfenahme logischer Konjunktionen wie «weil» und «damit» zu überzeugen sucht, der *unterstellt*, was sein Funktionsgedanke *leugnet*: einen Willen mit einem *freien* geistigen Urteilsvermögen, das nicht abhängig *ist*, sondern seine geistigen Inhalte abhängig *macht*, und zwar von der Überzeugungskraft vorgetragener Argumente.[13]

Ein Erkenntnisfortschritt ist im Konzept der Teilleistungsschwäche nicht zu entdecken, ja nicht einmal ein substantieller *Unterschied* zur MCD. Beide pflegen den Standpunkt, auftretende Mängel beim Lernen als Wirkung einer Kraft zu deuten, wobei sich insbesondere die Vertreter der Theorie von den Teilleistungsschwächen durch die erkennbare Absicht auszeichnen, ihrer Art von deterministischem Denken den Vorwurf einer unzulässigen Naturalisierung zu ersparen: «Wer vermutet schon ein Fehler-mit-der-0-Gen?» (Lorenz/Radatz 1993, 24)

So, in dieser konkreten Fassung kommt ihnen der Gedanke von den Anlagen verdächtig bis absurd vor: Wer mit der Zahl 0 Fehler macht, hat ein defektes 0-Gen, wer sich mit der Addition schwertut, ein beschädigtes Additionsgen und so fort. Denn auf diese Weise ist nur zu kenntlich, daß die Zurückführung eines Fehlers auf defekte Gene oder Anlagen keine Erklärung, sondern eine bloße Verdopplung hervorbringt, die ein und dieselbe Sache mit zwei verschiedenen Namen belegt. Aber in seiner allgemeinen Fassung leuchtet den Autoren dasselbe Argument ein, wie man gesehen hat. Und zwar so sehr, daß am Ende selbst jene Vertreter, die ihren ganzen Ehrgeiz in eine deutliche *Abgrenzung* zur Theorie der «minimalen cerebralen Dysfunktion» gelegt haben und auf die Konzeption der Teilleistungsschwäche schwören, beide Ansätze nicht nur unterscheiden, sondern auch ebenso ungezwungen ineinssetzen und beides akzeptieren können.

«Die Definition von Berger (1977 a, b) weist sowohl auf die Pathogenese als auch die möglichen therapeutischen Richtungen hin: ‹Teilleistungsschwächen sind Störungen (...), die oft nicht als solche, sondern in Form von Zustandsbildern scheinbarer geistiger Behinderung oder Verhaltensstörungen zutage treten. Es handelt sich um Erscheinungsformen einer MCD, die sowohl auf einem primären organischen Defekt als auch auf sensorischer Depravation in der frühkindlichen Entwicklung beruhen kann.›» (Lorenz 1987, 61)

War zunächst die Theorie der Teilleistungsschwäche als Ablösung und Entgegensetzung zur MCD gedacht, gilt sie nun als «Erscheinungsform» derselben. Und warum trifft das nicht auf Kritik? Weil die Assoziierung von Lernmängeln mit einer «Pathogenese» sehr wohl akzeptabel ist, solange damit den «therapeutischen Richtungen» pädagogischer Psychologen – meint: der prinzipiellen Möglichkeit pädagogischer Interventionen – nicht ihre Unmöglichkeit bescheinigt wird. Dann geht sogar der medizinische Jargon in Ordnung, wenn man vor Übertreibungen oder vorschnellen Diagnosen warnt: «Wie diagnostizierte Halsschmerzen nicht immer zu einer Angina führen, so sollte die zu schnelle Festschreibung eines Kindes als rechenschwach (‹Dyskalkuliker›) vermieden werden.» (Radatz in Deutsche Lehrerzeitung 1993, 1)

Ein Zwischenfazit:
Warum die Theorien über die Rechenschwäche
Sache und Ursache nicht unterscheiden können

Die Theorien zur Dyskalkulie, ihre verschiedenen Begriffsbestimmungen und die Darlegung der Ursachen einer Rechenschwäche schließen eine Absonderlichkeit ein, die Erwähnung verdient. Die wissenschaftlichen Ansätze unterscheiden gar nicht eindeutig zwischen der Rechenschwäche selbst und ihren möglichen Gründen. Ursache und Sache sind ein und dasselbe. So definiert etwa Grissemann Rechenschwäche als «Teilleistungsschwäche bei mindestens durchschnittlicher Intelligenz» (Grissemann/Weber, zitiert nach Lobeck 1992, 81).

Demnach *ist* eine Rechenschwäche eine Teilleistungsschwäche. So äußern sich auch historische Vorläufer: «Rechenschwäche, beschrieben und definiert im Sinne einer Teilleistungsstörung oder partiellen Leistungsschwäche, finden wir erst bei Weinschenk (1975), Johnson/Myklebust (1967), Lempp (1979) und Grissemann/Weber (1982, 1990).» (Lobeck 1992, 77)

Ganz im Unterschied dazu rangiert an anderer Stelle, auch bei denselben Autoren, die Teilleistungsschwäche als eine *Ursache* der Rechenschwäche. So kann der nachstehende Autor «die folgenden Verursachungsbereiche beobachten: 1. Schwierigkeiten und Teilleistungsschwächen (...)» (Radatz 1992, 1).

Warum diese merkwürdige Verwechslung bzw. Ineinssetzung von Sache und Ursache? Die mangelnde Trennschärfe, die den logischen Unterschied von dem in Rede stehenden Sachverhalt und seinem Grund einebnet, rührt daher, daß die Autoren von vornherein Mathematikfehler gar nicht anders in Betracht ziehen als unter dem Blickwinkel einer von ihnen stillschweigend angenommenen beschädigten oder minder entwickelten inneren Fähigkeit, die sich in Fehlern äußern soll. In dieser Optik *ist* dann ein Rechenfehler eine Teilleistungsschwäche, die zugleich als dessen Ursache konstruiert war. Methodisch gleicht dieses Verfahren der Logik des Vorurteils: Man liest in die Sache hinein, was man ihr entnehmen möchte.

Das führt zu wissenschaftlichen Blüten, die auch der folgende Vertreter entdeckt hat, obgleich er dem Konzept der Teilleistungsschwäche mit Sympathie begegnet: «Die in dem Teilleistungskonzept vorgenommenen Beschränkungen bringen Klarheit (...). Allerdings ist die Frage, welchen Erklärungswert es – als Nachfolger des MCD-Konzepts – noch hat, wenn z. B. Rechtschreibprobleme u. a. auf Schwierigkeiten der ‹auditiven Seriation› zurückgeführt werden, dann wird die Erklärungsebene nur wenig hinter die Symptomebene zurückverlängert (...). Wenn Rechtschreibprobleme gar zur *Definition* von Teilleistungsschwäche herangezogen werden, erfolgt nichts anderes als eine leere Begriffsverdopplung. Man generiert zwei Begriffe für den gleichen Sachverhalt.» (Kretschmann 1993, 11)

2.3 Schulische und außerschulische «Lern- und Sozialisationsbedingungen»

Fast alle Autoren machen auch diverse Lern- und Sozialisationsbedingungen für eine Rechenschwäche verantwortlich:
«Eine Übersicht über Bedingungen von Rechenstörungen Soziokulturelle und familiäre Bedingungen (...)
– mangelnde Leistungsmotivation
– impulsiver Kognitionsstil
– Arbeitshaltung, Ausdauer

– sprachliche Schwierigkeiten.» (Grissemann/Weber 1990, 29) Unbestreitbar bringen zahlreiche Kinder beispielsweise «sprachliche Schwierigkeiten» aufgrund ihrer familiären Herkunft mit in die Schule. Aber warum sollte sich diese Bedingung wie ein *Hindernis* beim mathematischen und sonstigen Lernen geltend machen? Daß ein Schüler manches nicht weiß oder kann, ist doch rationellerweise der *Ausgangspunkt* allen Lernens und nicht dessen *Beeinträchtigung*. Daß eine solche daraus wird, erklärt sich nur daraus, daß der *Zweck* der schulischen Bildung nicht in einer umfassenden Wissensvermittlung, sondern in der Herstellung von Bildungsunterschieden liegt. Und dafür ist es nur konsequent, daß der Unterricht vorgefundene Unterschiede nicht behebt, sondern wirken läßt. Insofern verwechselt die ganze Argumentation eine bloße *Bedingung* des Lernens mit dem *Grund* des Mißerfolgs.

Ebenso verhält es sich mit den zitierten Einstellungen mancher Kandidaten. Gewiß trifft man eine «mangelnde Leistungsmotivation» insbesondere bei solchen Schülern an, die aufgrund akkumulierter Mißerfolge endgültig kein lohnendes Ziel ihrer Anstrengungen mehr vor Augen haben und entsprechend nachlassen. Ein *Grund* für die in der Schule so systematisch und dauerhaft erzielten negativen Lernergebnisse liegt darin nicht. Der Beweis liegt in der Gegenprobe: Wäre denn ein *gutes* Ergebnis *aller* ausgemachte Sache, wenn jeder mit einer hervorragenden Motivation und Ausdauer an den Start ginge? Daß dem nicht so sein kann, weiß keiner besser als die Pädagogen selber, die mit dem Zensurenwesen für das *differenzierte* Leistungsbild sorgen, das sie der unterschiedlich begabten Menschennatur abgelauscht haben wollen (vergleiche Abschnitt B).

Ähnliche Einwände muß sich auch der folgende Hinweis auf *schulische* Bedingungen des Lernens gefallen lassen. Aufgelistet werden die nachstehenden «‹Mitverursacher› für eine Rechenschwäche, z.B. das Curriculum (Stoffülle, Stoffdruck, Symbolfülle, unleserliche Schulbücher, unverständliche Aufgabenstellungen, ungeeignete Arbeitsmittel, einseitige mathematikdidaktische Prinzipien u.a.) (...)» (Deutsche Lehrerzeitung 8/1993, Radatz, H.: Eine Schwäche, die oft unerkannt bleibt).

Hier wird die Optik der oben genannten außerschulischen Lernbedingungen umgekehrt: Galt dort ein *Zuwenig* an Lernvoraussetzungen auf seiten des Schülers als Grund des Mißerfolgs, so ist nun in erster Instanz ein *Zuviel* an Stoff dafür verantwortlich. Dabei räumt die Redeweise vom «Stoff*druck*» selbst noch ein, daß die bloße Fülle das Problem wohl nicht sein kann: Wie soll der *Gegenstand* des Lernens auch dessen *Hindernis* sein können? Ein Zuviel, das Druck erzeugt, ergibt sich nicht durch den Stoff und seine Masse, sondern überhaupt nur durch seine Verdichtung in einer fix vorgegebenen *Zeitspanne*, die sich wieder ganz aus dem *schulischen* Zweck des Lernens, nicht aus diesem selbst ergibt. Denn rationellerweise hat das Lernen mit der Zeit nur so viel zu tun, daß sich ein Zeitmaß als *Ergebnis* der Lernanstrengung einstellt, das je nach individuellen Voraussetzungen und Schwierigkeiten mehr oder weniger groß ausfällt. Ein Unterricht, der absichtsvoll auf Bildungs*differenzen* zielt, macht aus der abhängigen Variablen des Lernens eine Zeit*vorgabe*, unter die das Lernen gebeugt wird.

Daß Schulbücher mitunter unleserlich sind, ist ebensowenig zu bestreiten wie die Tatsache, daß nicht jeder Lehrer über vernünftige Strategien für seinen Mathematikunterricht verfügt. Nur: Wissensmängel, die sich darüber einstellen mögen, bleiben ja der Schule nicht verborgen. Daß sie ihr unwiderrufliches Gewicht bekommen, erklärt sich wiederum nur daraus, daß die *Behebung* von Wissenslücken die Sache öffentlicher Lehranstalten nicht ist, die mit Noten auf die *Sanktionierung* derselben für eine Auslese drängen.

Unter dem Strich verwechseln beide Argumente *Bedingungen* des Lernens mit einem *Grund* für die dabei eintretenden Mißerfolge. Und zwischen diesen beiden logischen Kategorien liegen Welten. Wer den Grund einer Sache wissen möchte, fragt danach, *warum* sie so ist, wie sie ist, dringt also auf die Ermittlung einer *Notwendigkeit*, die im *Zweck* besteht, den sie erfüllt. Der schulische Unterricht ist nicht ein allseitiger und umfassender Bildungsprozeß, sondern zielt auf die Herstellung von Wissensunterschieden, wie wir gezeigt haben. Aber *warum* zeichnet er sich durch diese Eigenart aus? Die Antwort liegt im Zweck der Auslese, dem die Schule dient. Der Grund der so oft beklagten Wissensmängel ist also untrennbar mit der Schule und ihrer Zielsetzung verbunden. *Sie* bringt den Mangel unweigerlich hervor.

Ganz anders verhält sich die Sache mit dem Hinweis auf Bedingungen. Wer etwa wie oben vorschulische Mängel in der Sprachbeherrschung als schlechte Lernbedingungen anführt und damit eine Rechenschwäche begründet, verstößt gegen die Logik des Grundes. Eine Bedingung ist nämlich etwas der Sache Äußerliches, das zu ihr hinzutritt oder fehlen kann und eine Notwendigkeit nur im *negativen* Sinn einschließt: In der Tat ist die Sprachbeherrschung Bedingung des Lernens, d.h., *ohne* sie gelingt es nicht. Aber *mit* ihr auch nicht, wie man gesehen hat, was darauf verweist, daß der Grund für den Mißerfolg eben nicht in sprachlichen Vorkenntnissen liegt, sondern jenseits der bloßen Bedingungen in der Sache und ihrem Zweck selbst zu suchen ist.

Dennoch ist diese Verwechslung von Grund und Bedingung in der wissenschaftlichen Argumentation kein Einzelfall, sondern üblich. Sie zielt nämlich auf einen Ertrag eigentümlicher Art: Wer bloßen Bedingungen die Verantwortung für Bildungsmängel zuweist, will mit einer solchen Herkunftsbestimmung seine *gute Meinung* von der *Schule* retten. Er unterstreicht mit dieser Sorte Begründung des Schadens zugleich dessen *Vermeidbarkeit*. Bedingungen lassen sich bekanntlich ändern, ohne die Sache selbst und ihren politisch-rechtlich verankerten Bildungszweck in Verruf bringen zu müssen.

2.4 Rechenschwäche als «komplexes Wechselwirkungsgeflecht»

Daran ist Wissenschaftlern und Pädagogen so sehr gelegen, daß die Kategorie des Grundes in der Wissenschaft seit jeher kritisch beargwöhnt wird. So auch hier: «Ursachen für eine Lernschwierigkeit sind niemals monokausal beschreibbar, immer sind mehrere Ursachenfelder wirksam bzw. stehen in einer Wechselbeziehung zueinander (...).» (Radatz 1992, 1)

Das Attribut «monokausal» gilt als Schimpfwort. Warum soll eine Erklärung falsch sein, wenn sie *einen* Grund (lateinisch: causa) für eine Sache angibt? Entweder er trifft zu, dann kann es kein Vorwurf gegen ihn sein, daß er im Singular auftritt. Oder er ist falsch, dann sollte er nicht um andere Gründe *ergänzt*, sondern durch den richtigen Grund *ersetzt* werden. Was schließlich das implizite Plädoyer für «multikausale» Erklärungen betrifft: Warum sollte die Kombination *vieler* Begründungen vernünftig sein, wenn über *jede einzelne* das Urteil «mangelhaft» lautet? Und woher schließlich die Gewißheit, daß Lernschwierigkeiten «niemals» auf *einen* Grund zurückführbar sind? Bevor überhaupt ein bestimmter Mangel untersucht worden ist, steht bereits fest, däß die Begründung für die noch gar nicht ermittelte Fehlerhaftigkeit auf keinen Fall in *einem* Grund liegen kann. Das kommt einer *Vorschrift* an das wissenschaftliche Denken gleich und ist nicht als *Ergebnis* rastlosen Forschens mißzuverstehen. Der Reiz dieses Denkgebotes liegt nämlich darin, daß mit der *Anhäufung* von Gründen deren *Relativierung* bezweckt ist: *Für sich* ist nämlich damit keine einzige Begründung als *Grund* akzeptiert; geduldet ist sie nur im Verein mit anderen, die denselben Mangel haben. Damit wird jede Festigkeit im theoretischen Urteil beseitigt, das mit der *eindeutigen* Benennung eines Grundes auch einen Hinweis darauf enthielte, was zur *praktischen* Behebung eines Mangels zu unternehmen wäre.

Entsprechend dieser Logik fehlt in kaum einem Lehrbuch die Erörterung der Dyskalkulie als eines multifaktoriellen Wechselwirkungsgeflechts: «Dyskalkulie ist wie jede andere Lernstörung oder -schwäche letztlich in ihren komplexen Wechselbeziehungsverhältnissen zu verstehen. Die *Wechselbeziehung* zwischen Lern- und Verhaltensstörung wird heute in ihren Beziehungen zu ätiologischen Basisfaktoren und zur systemischen Dynamik gesehen. (...) Als ätiologische Basisfaktoren sind zu verstehen:

- organische Beeinträchtigungen (z. B. minimale zerebrale Dysfunktion)
- sozioökonomische und soziokulturelle Beeinträchtigungen
- familiär-psychosoziale Belastungen (...)
- schulische Belastungen (...).» (Grissemann/Weber 1990, 30, Hervorhebung im Original)

Kein «Basisfaktor» für sich gilt als hinreichender Grund einer Rechenschwäche, aber jeder soll Bedeutung haben. Welche, muß nicht weiter interessieren. Es kommt dem Autor nämlich darauf an, daß sie untereinander in einem Verhältnis der Wechselwirkung stehen. *Welcher* Faktor *wie* auf welchen anderen wirkt, ist wieder nicht von Belang, weil es ganz auf die Behauptung ankommt, *daß* eine solche Wechselwirkung vorliegt. Wer etwa mit dem Curriculum der Schule eine negative Lernbedingung zur Last legt, muß sich sagen lassen, daß die ungleichen Anlagen der Schüler auch ihre Rolle spielen und dazu ins Verhältnis zu setzen sind. Daß die familiären Bedingungen ihr Gewicht für die unterschiedliche Entwicklung solcher Anlagen haben, ist dann als Fortgang ebenso unvermeidlich wie der krönende Abschluß, ungleiche häusliche Bedingungen seien letztlich Ergebnis des Faktors Schule, der nicht alle zu intellektuellen Erfolgsmenschen bildet. Von der Schule zum Schüler, vom Schüler zur Familie und von der Familie zurück zur Schule – in diesem Zirkel kommt *alles* als Quelle einer Lernstörung in Betracht, aber *nichts für sich* ist ein Grund. So wird die Frage nach dem Grund *zunichte* gemacht, indem sie in die Form eines endlosen Zirkels überführt wird.

Dieses von ihm selbst entworfene Geflecht von «Wechselbeziehungen» nennt der Autor auch noch «komplex». Eine Redeweise, die mit dem Verweis auf eine kaum überschaubare Vielzahl von Faktoren und Wirkungen andeutet, daß der gesamte Sachverhalt nur schwer durchschaubar und nicht genau zu ermitteln ist. Damit soll aber kein Erklärungs*bedarf* angemeldet werden, das Attribut «komplex» gilt als Eigenschaft und eine *fertige* Erklärung der Sache. Und die lautet auf jeden Fall «nicht einfach», womit noch einmal klargestellt wäre, daß Skepsis geboten ist gegenüber jeder Form von Erklärung, die *einen Grund* für die zitierten Rechenmängel ermittelt.

Fazit

Was also leisten die Theorien über die Rechenschwäche?

In erster Instanz konstruieren sie sich einen Gegenstand, den es so gar nicht gibt. Aus Rechen*fehlern* deduzieren sie eine Rechen*schwäche,* die in nichts als einem neuen Namen für denselben Sachverhalt besteht: Schüler machen Fehler.

Diese so gewonnene Rechenschwäche wird auf Ursachen zurückgeführt, die eine defekte quasi natürliche Potenz im Menschen dafür verantwortlich machen, heiße sie nun «minimale cerebrale Dysfunktion» (MCD) oder «Teilleistungsschwäche». Diese merkwürdige Beweisführung, die Fehler einer mit Willen und Bewußtsein vollbrachten *Geistes*tat einem *Natur*defekt zuschreibt, knüpft an eine populäre Auffassung der pädagogischen Psychologie an, welche die in der Schule hergestellte Bildungshierarchie von «Schlauen» und «Dummen» als sachgerechte Abbildung unterschiedlicher Anlagen, Begabungen oder Intelligenzreserven der Menschen legitimiert. Wo Anlagen als Quelle des Erfolgs gelten, sind im Umkehrschluß eben beeinträchtigte oder minder entwickelte Potenzen der Grund für gehäuften Mißerfolg. Daß die Rechenschwäche *darin* besteht, glaubt die Wissenschaft so heftig, daß ihr darüber der Unterschied von Sache und Ursache verlorengeht: Das eine Mal ist eine Teilleistungsschwäche *Grund* der Rechenschwäche, das andere Mal *ist* eine Rechenschwäche nichts anderes als solch ein geschwächtes Teilleistungsvermögen.

Mit dem Hinweis auf schulische wie außerschulische Sozialisations- und Lernbedingungen werden schließlich außer den Anlagen auch noch die sogenannten Umweltfaktoren ins Visier genommen. Bloßen Bedingungen des Lernens wird ein negatives

Lernergebnis zur Last gelegt, das gar nicht aus ihnen, sondern dem schulischen Auslesezweck folgt: Unterschiedliche Vorkenntnisse im Lesen, Schreiben und Rechnen geraten nur deswegen zu Lernhindernissen, weil der Schulunterricht nicht auf eine allgemeine Bildung aller, sondern auf die Produktion von Bildungsunterschieden aus ist. Die logische Verwechslung von Bedingung und Grund leistet aber immerhin so viel, daß der Schulzweck selbst als Ursache diverser Wissensmängel der Kritik entzogen bleibt.

Alle Ansätze betonen schließlich, daß «monokausale» Erklärungen nicht fruchten. Verfechter der Theorie über die MCD oder Teilleistungschwächen anerkennen selbstverständlich den Einfluß diverser Lernbedingungen in Schule und Familie, und umgekehrt achten Theorien über die Wirkung von Sozialisationsbedingungen natürlich die Rolle, welche ein geschädigtes Gehirn oder Vergleichbares beim Rechenversagen spielen soll. Einigen können sich alle darauf, daß Rechenschwäche ein «Wechselwirkungsgeflecht» ist, in dem Schule, Schüler und Familie ein so «komplexes» Verhältnis eingehen, daß zwar alles in einem Zusammenhang zu mathematischen Fehlleistungen gesehen werden kann, aber nichts mehr die eindeutige Rolle eines Grundes spielt. Die Botschaft ist unüberhörbar: Es ist nicht nur so, daß die Wissenschaft keinen Grund für das merkwürdige Nebeneinander von allgemeiner Schulbildung und «Dummheit» anzugeben weiß; man kann einen solchen Grund auch nicht ermitteln, weil es ihn nicht gibt.

Mathematik lernen: praktische Handreichungen

Mathematik kann jeder lernen. Vorausgesetzt, man stellt das Lernen nicht unter den in der Schule üblichen Zeit- und Zensurendruck. Das Begreifen der Sache braucht seine Zeit. Wieviel, das entscheiden die Schwierigkeit des Stoffes und die Verständnisprobleme des Schülers.

Selbstverständlich läßt sich im Rahmen dieses Buches nicht die gesamte Mathematik abhandeln. Im folgenden erläutern wir daher exemplarisch eine zentrale Disziplin der Schulmathematik: das umfangreiche Gebiet der Text- und Sachaufgaben. Für diese Auswahl sind mehrere Gründe ausschlaggebend. Zum ersten zeichnet sich dieser Komplex durch die größten Lehr- und Lernschwierigkeiten im Bereich der Grund- und Hauptschulmathematik aus, wie Untersuchungen immer wieder zeigen: «Seit eh und je bilden das Sachrechnen und das Arbeiten mit Größen die Themen der Grundschulmathematik mit den größten Lehr-Lernschwierigkeiten und damit verbunden den negativsten Erfahrungen und Assoziationen auf seiten der Schüler. Im Rahmen einer Befragung von Grundschullehrern (...) wurde diese Tatsache auch für die Nachreformzeit des Mathematikunterrichts wieder bestätigt.» (Radatz/Schipper 1983, 123)

Zum zweiten sind gerade auf diesem Gebiet die Bemühungen um gezielte Hilfestellungen am wenigsten fortgeschritten. Drittens schließlich nimmt das Thema auf die verschiedensten mathematischen Operationen Bezug und eignet sich daher, diese Schwächen deutlich zu machen und Kenntnisse zu vertiefen. So kommen in Text- und Sachaufgaben nicht nur die arithmetischen Grundoperationen, sondern auch die Bruch- und Prozentrechnung sowie Gleichungen mit einer Unbekannten vor.

Der Durchgang ist in Form von Arbeitsblättern konzipiert, die sich sowohl zum Selbststudium als auch für den Nachhilfe- und Förderunterricht eignen. Eine didaktische Neukonzeption für die Gestaltung des mathematischen Schulunterrichts kann und will diese Handreichung dagegen nicht sein. Sie setzt nämlich ein vom Zeit- und Notendruck befreites Lernumfeld voraus, in dem den individuellen Schwierigkeiten Rechnung getragen werden kann, ohne ihre Bedeutung am Stand des Klassenverbandes oder am Lehrplan relativieren zu müssen.

Es folgen Aufgaben sowie eine Sammlung von Knobeleien, die zur Teamarbeit anregen und die geistige Trennschärfe zur Erfassung verwickelter Sachverhalte fördern. Die Lösungen sind jeweils hintangestellt

Die Arbeitsblätter stellen die Mißverständnisse und Schwierigkeiten in den Mittelpunkt, die sich gehäuft bei Schülern mit Rechenmängeln einstellen und die wir in Abschnitt A ausführlich gewürdigt haben. Das Studienmaterial eignet sich für Anfänger wie Fortgeschrittene mit Rechenschwierigkeiten, wobei je nach Stand der Vorkenntnisse eine Zusammenarbeit mit Eltern, Lehrern oder anderen Kennern der Materie zu empfehlen ist.

Wer auch immer sich als Rechenlehrer betätigt, möge die folgenden Ratschläge beherzigen:

• Vor jeder Übung sollte man vereinbaren, *was genau* gelernt werden soll. «Sachaufgaben» ist kein Thema einer Lerneinheit, eher schon die Frage «Was ist gesucht, was gegeben?» Es geht um das Erkennen von Schwierigkeiten und Fehlern und nicht um die Schülern verhaßte Ochsentour endlosen Übens und Paukens.

• Der Lehrende sollte den Schüler bei jeder Aufgabe auffordern, diese zunächst *in eigenen Worten zu formulieren*. Hieraus ergeben sich sehr oft bereits wichtige Anhaltspunkte, wo das Unverständnis des Schülers liegt.

• Das Üben sollte sich jeder *Schematisierung* entziehen. Rechenschwache Schüler neigen nämlich dazu, mathematische Gesetze mit *Rezepten* zu verwechseln, die man auswendig lernt und dann anwendet. Das verhindert nicht nur das Verständnis mathematischer Regelwerke, sondern führt auch zur schematischen, daher falschen Bearbeitung von Aufgabenbündeln.

• «Eselsbrücken» sind bei allen Erläuterungen streng zu vermeiden. Sie fördern nur das falsche Verfahren rechenschwacher Schüler, unbegriffene Regeln und Verfahren mechanisch auf andere Gebiete zu übertragen, ohne zu wissen, warum.

• Der Lehrende muß sich in Gestik und Mimik bei allen Übungen so neutral verhalten, daß er für den Schüler nicht *ausrechenbar* ist. Letztere nehmen nämlich solche äußerlichen Erkennungszeichen als Orientierungshilfe bei ihrem hilflosen Bemühen, sich zwischen verschiedenen Rechenstrategien für die richtige zu entscheiden. Dadurch bleibt das Unverständnis erhalten, statt daß es zum Thema gemacht und beseitigt wird.

• Die Beurteilung der Lösungen darf sich nicht mit den Attributen «richtig/falsch» auf das *Ergebnis* fixieren. Der *Weg* ist entscheidend, weil nur er die individuelle Strategie bekanntgibt, mit der ein Schüler – falsch – denkt. Deswegen ist er anzuhalten, *jeden seiner Rechenwege laut zu erklären*, nicht nur die falschen, sondern auch die richtigen.

• Nach den Übungen sollte der Schüler aufgefordert werden, einmal in eigenen Worten zu rekapitulieren, was er gelernt hat und auf welche Fehler er im Verlaufe der Übung gestoßen ist.

Text- und Sachaufgaben

Eingekleidete Aufgaben[14] bereiten bisweilen die größten Schwierigkeiten, und zwar ganz unabhängig davon, ob es sich um komplizierte oder eher einfache mathematische Gesetze handelt, die bei der Lösung zum Zug kommen. Viele Schüler stoßen erst gar nicht bis zu einer mathematischen Abhängigkeit von Quantitäten etwa in Form einer Gleichung vor, deren Auflösung Kopfzerbrechen machen könnte. Sie scheitern bereits im Vorfeld daran, die konkrete sachliche Problemstellung überhaupt zu erfassen, das *Gesuchte* zu benennen und es vom *Gegebenen* zu unterscheiden. So kommt es gar nicht erst zu einem – auch nicht verkehrten! – Lösungsansatz, der quantitative Beziehungen zwischen Gesuchtem und Gegebenem durch mathematische Operationen festhält. Obwohl es in der Schule kaum je ein eigener Gegenstand wird, ist hervorzuheben, «daß wichtiger als die Ergebnisse vieler einzelner Sachaufgaben das Erkennen und Erörtern von Lösungswegen und Strategien ist, um neue Sachaufgaben und Sachprobleme besser bewältigen zu können» (Lorenz/Radatz 1993, 144).

Nur allzuoft kompensieren Schüler ihren Mangel dadurch, daß sie eingeübte *Schemata* anzuwenden suchen, um wenigstens zu einer auflösbaren Gleichung vorzudringen. Dadurch aber gerät die Sache endgültig auf die schiefe Bahn. Auf diese Weise denkt der gutwillige Kandidat ja nicht mehr über *die Aufgabe* nach, sondern stülpt ihr ein *unabhängig* davon gefertigtes *Raster* über, bei dem bestenfalls zufällig beides zueinander paßt.

Die nachstehenden Handreichungen grenzen sich von herkömmlichen didaktischen Verfahrensweisen deswegen in folgender Hinsicht ab:

• Sachaufgaben werden nicht unter dem Gesichtspunkt der *Wiederholung und Vertiefung* einzelner mathematischer Diszi- plinen behandelt, wie dies in Schulbüchern und didaktischen Handbüchern oft geschieht (vergleiche hierzu exemplarisch Leutenbauer 1981). Text und Einkleidung geraten so zum blo- ßen Umweg, Kenntnisse etwa der Bruchrechnung zu festigen. Die spezielle Schwierigkeit, den in Texten formulierten sach- lichen Zusammenhang zu begreifen und in eine mathematische Form zu übersetzen, wird so zur Nebensache degradiert.

• Ebensowenig ist angestrebt, dem Schüler dadurch zu einer Vertrautheit mit dem Sachrechnen zu verhelfen, daß ihm eine *Klassifizierung* der Sachaufgaben und ihrer Lösungstechniken nahegelegt wird: Schlußrechnung, Verhältnisaufgaben, Bewe- gungsaufgaben, Mischungsaufgaben – so und so ähnlich lauten die Raster didaktischer Einteilung. Dabei ist selbstverständlich nicht in Abrede zu stellen, daß sich die Aufgabentypen vernünf- tigerweise einem solchen Schema einordnen lassen. Mehr als fraglich ist dagegen, ob diese Schematisierung eine Lernhilfe darstellt. Als *Ergebnis* des Lernens mag man eine solche Syste- matisierung vornehmen. Als *Weg* des Lernens verleitet sie dazu, eine Lösungsstrategie nicht aus den gestellten Aufgaben zu *er- schließen*, sondern diese wie ein äußerliches eingeprägtes Mu- ster den immer gleichen Aufgabentypen einer Kategorie *über- zustülpen*.

• Die hierzu passende Technik «*Demonstration einer exem- plarischen Lösung, Einübung an Aufgabenbündeln*», die man häufig in Schulbüchern antrifft, soll ebenso vermieden werden. Ein solches Verfahren legt gerade bei Schülern mit mathemati- schem Unverständnis nahe, nicht auf das Begreifen eines Zu- sammenhangs, sondern die Nachahmung eines vorgefertigten Lösungsmusters zu setzen.

Die folgenden Arbeitsblätter konzentrieren sich dagegen aus den genannten Gründen auf folgende Prinzipien, die zur Bearbeitung von Sachaufgaben befähigen und falsche Denkmuster ausräumen sollen:

• Im Mittelpunkt steht nicht die *Lösung* von Sachaufgaben, sondern die Erarbeitung eines *Lösungsansatzes*.

• Die *Voraussetzungen* des *Sachrechnens* werden damit zum eigenen Gegenstand der Erörterung: Was ist gesucht, was ist gegeben? Welche Angaben fehlen, welche sind überflüssig? Und umgekehrt: Welche Aufgabenstellung läßt sich einem fertigen Lösungsansatz oder einer Skizze entnehmen? Das Ziel dieses Lernens liegt ganz in der *Übersetzung* sachlicher Zusammenhänge in mathematisch handhabbare Abhängigkeiten und umgekehrt.

• Die Schwierigkeiten des Lernenden werden nicht ausgeblendet, sondern zum *Gegenstand* der Arbeitsblätter gemacht. Diese sind *interaktiv* gestaltet und erfragen nicht nur Antworten, sondern auch Begründungen oder die Darlegung von Lernhindernissen.

Sachaufgaben
Was ist gesucht?

Paß gut auf, wonach in den folgenden Aufgaben gefragt ist!
Auf die eigentlichen Rechenoperationen kommt es dabei
nicht an. Sie sind so leicht auszuführen, daß Du das Ergebnis wahrscheinlich im Kopf ermitteln kannst.

Aufgabe 1:

Ein Gärtner bepflanzt eine Grünanlage. Für 7 Eichen benötigt er 3 Stunden, für 5 Birken noch einmal 2 Stunden, und
weitere 9 Obstbäume kosten ihn 6 Stunden.

Beantworte folgende Fragen:

Wie viele Bäume pflanzt der Gärtner?

Antwort: _____

Wie viele Stunden hat der Gärtner gearbeitet?

Antwort: _____

Aufgabe 2:

Eine Fabrik produziert täglich 10 Bohrmaschinen zu 200 DM das Stück, 5 elektrische Stichsägen zu 120 DM das Stück und 20 Schwingschleifer zu 150 DM das Stück.

Beantworte die folgenden Fragen:

Wie viele Geräte produziert die Fabrik täglich?

Antwort: _____

Wieviel Geld bringt die Tagesproduktion dieser Fabrik ein?

Antwort: _____

Arbeitsblatt 2

Sachaufgaben
Was ist gesucht?

Überlege, wie in den folgenden Aufgaben die Frage lauten müßte! Die Rechnungen mußt Du nicht ausführen. Sie fallen Dir sicher ganz leicht.

Aufgabe 1:

Ein rechteckiges Gartengrundstück ist eingezäunt worden. Die Gesamtlänge des Zaunes beträgt 100 m. Die kürzere Seite des Grundstücks ist 20 m lang.

Ergänze:

Wie lang ist die _____
des Grundstücks?

Antwort: _____

_____

Aufgabe 2:

Zwei Fußballfreunde fahren mit dem Auto von Bremen nach München. Die Strecke ist 780 km lang. Auf der Autobahn fahren sie im Durchschnitt 110 km pro Stunde.

Ergänze:

Wie lang ist die _____ der beiden?

Sachaufgaben
Was ist gesucht?

Bei dem folgenden Aufgabentext lassen sich drei verschiedene Fragen stellen. Überlege, wie diese Fragen heißen könnten, und schreibe sie auf.

Aufgabe:

Otto hat 1 Bruder und verfügt über 4 verschiedene Spiele. Karl hat 2 Geschwister und besitzt 7 Spiele. Tine hat 3 Schwestern und nennt 9 unterschiedliche Spiele ihr eigen. Während Otto 10 DM Taschengeld bekommt, erhält Karl 2 DM mehr. Tine bekommt 4 DM weniger als Karl.

Notiere nun die Fragen. Benutze möglichst für jede Frage einen anderen Farbstift, und unterstreiche im Aufgabentext die zu jeder Frage gehörenden Zahlenangaben in derselben Farbe wie die Frage. Dann gib noch die Antwort.

Erste Frage: _____

_____

Antwort: _____

_____

Zweite Frage: _____

_____

Antwort: _____

_____

Dritte Frage: _____

_____

Antwort: _____

_____

Sachaufgaben
Was ist gegeben?

Nun wollen wir anders verfahren. Zu einer gestellten Frage bezüglich einer Textaufgabe sollst Du ermitteln, welche Angaben in der Aufgabenstellung als *gegeben* zu betrachten sind.

Aufgabe:

3 Arbeiter schaffen 36 Quadratmeter Fliesen pro Stunde. Wieviel Quadratmeter Fliesen schaffen 5 Arbeiter pro Stunde?

Schreibe auf und begründe Deine Antwort:

Welche Größen sind in der Aufgabe *gegeben*?

Antwort: _____

_____

_____

Sachaufgaben
Welche Angaben sind überflüssig?

Nicht jede Angabe in einer Aufgabe ist für die Ermittlung des Gesuchten von Belang. Prüfe, welche in der folgenden Aufgabe gegebenen Größen für die Lösung *überflüssig* sind.

Aufgabe:

3 Arbeiter schaffen 36 Quadratmeter Fliesen pro Stunde. Jeder Arbeiter verdient 24 DM Stundenlohn und arbeitet 8 Stunden am Tag. Wieviel Quadratmeter Fliesen schaffen 5 Arbeiter pro Stunde?

Schreibe auf und begründe Deine Antwort:

Welche Größen sind gegeben, aber für die Lösung überflüssig?

Antwort: _____

_____

Begründung: _____

_____

Sachaufgaben
Welche Angaben sind überflüssig?

Betrachte die folgende

Aufgabe:

3 Arbeiter legen Fliesen. Ein Mann schafft 12 Quadratmeter Fliesen pro Stunde. Der Preis pro Quadratmeter beträgt für den Kunden 120 DM. In wieviel Stunden schaffen 8 Arbeiter die vom Kunden in Auftrag gegebene Fläche von 960 Quadratmetern?

Beantworte die folgenden Fragen:

Welche Größen sind gegeben und für die Lösung *nötig*?

Antwort: _____

_____

Begründung: _____

_____

Wie müßte die Fragestellung der Aufgabe lauten, für die die Angabe des Quadratmeterpreises von 120 DM wichtig und nötig ist?

Antwort: _____

_____

_____

Begründung: _____

_____

_____

Arbeitsblatt 7

Sachaufgaben
Welche Angaben fehlen?

In der folgenden Aufgabe fehlen Angaben, die man braucht, um eine sinnvolle Fragestellung beantworten zu können. Überlege, welche Größen das sein könnten.

Aufgabe 1:
Die Schule verfügt über eine eigene Bücherei. Zur Zeit sind 134 Bücher ausgeliehen.

Ergänze:

Wie könnte eine sinnvolle Frage zu dieser Aufgabe heißen?

Antwort: _____

_____

Welche Größen fehlen zur Beantwortung der Frage?

Antwort: _____

_____

Aufgabe 2:

Sven hat drei Paletten Limonade in Dosen eingekauft. Dafür mußte er 36 DM bezahlen. Auf der Gartenparty sollen die Dosen an die Gäste verkauft werden.

Ergänze:

Wie könnte eine sinnvolle Frage zu dieser Aufgabe heißen?

Antwort: _____

_____

Welche Größen fehlen zur Beantwortung der Frage?

Antwort: _____

_____

Sachaufgaben
Aufgaben, die keine sind

Nun wollen wir einen Aufgabentyp betrachten, der Dir gewiß schon einmal als Scherzaufgabe begegnet ist («Ein Schiff ist 96 Meter lang. Wie alt ist der Kapitän?»). Bloß: Worin liegt der Witz? Überlege, warum die folgenden Aufgaben aufgrund des dargelegten Sachverhalts und der angegebenen Größen sinnlos sind.

Aufgabe 1:
Ein Gebäude verfügt über 12 Zimmer mit je 4 Fenstern. Die Anstreicher sind im Haus. Ein Maler erhält 18 DM pro Stunde und arbeitet 40 Stunden in der Woche.

Überlege, in welchem Zusammenhang die genannten Größen miteinander stehen. Ergänze:

Warum ist diese Aufgabe sinnlos?

Antwort: _____

_____

_____

Aufgabe 2:

Ein LKW hat eine Länge von 14 Metern. Seine Maschine verfügt über 240 PS. Die maximale Geschwindigkeit beträgt 80 km/h.

Warum ergibt auch diese Aufgabe keine sinnvolle Fragestellung? Ergänze:

Warum ist diese Aufgabe sinnlos?

Antwort: _____

_____

_____

Sachaufgaben
Wie muß der Aufgabentext lauten?

Bislang haben wir gesuchte und gegebene Größen eines vorliegenden Aufgabentextes betrachtet. Wir verfahren nun umgekehrt: Du sollst Dir zu den folgenden Gleichungen und Antwortsätzen einen passenden Aufgabentext ausdenken und ihn dann aufschreiben!

Gleichung: 10 Minuten + 15 Minuten = 25 Minuten

Antwort: Der Schulweg von Dagmar beträgt insgesamt 25 Minuten.

Formuliere eine dazu passende **Textaufgabe:** _____

_____

_____

_____

_____

Verfahre ebenso:

Gleichung:
$24 \cdot 50\,DM + 11 \cdot 120\,DM + 9 \cdot 480\,DM = 6840\,DM$

Antwort: Der Tagesumsatz der Konfektionsabteilung beträgt 6840 DM.

Textaufgabe: _____

_____

_____

_____

_____

Sachaufgaben
Welches Bild paßt zur Aufgabe?

Es ist mitunter hilfreich, den Sachverhalt aus einer Aufgabe in ein Bild zu übersetzen. So gewinnt man eine Vorstellung davon, welche Größen in welchen Beziehungen zueinander stehen.

Versuche einmal, zu den folgenden Aufgaben ein passendes Bild zu zeichnen.

Aufgabe 1:

Ein rechteckiges Grundstück soll eingezäunt werden. Es ist 30 m lang und 18 m breit. An der längeren Seite ist ein Einfahrtstor von 4 m Breite vorgesehen. Zusätzlich ist ein Seitenausgang von 3 m Breite geplant. Wieviel Meter Zaun werden benötigt?

Versuche, zu dieser Aufgabe ein Bild zu zeichnen!

Bild:

Aufgabe 2:

Die Strecke von Hamburg nach München beträgt 860 km. Um 8 Uhr fährt Karl mit dem Auto von Hamburg nach München los mit einer durchschnittlichen Geschwindigkeit von 80 km/h. Zur gleichen Zeit fährt ihm sein Freund Dieter von München mit dem Auto entgegen. Er fährt mit einer Durchschnittsgeschwindigkeit von 100 km/h. Um 12 Uhr fahren beide auf einen Rastplatz. Wieviel Kilometer trennen die beiden noch?

Bild:

Arbeitsblatt 11

Sachaufgaben
Welche Aufgabe paßt zum Bild?

Wir verfahren nun umgekehrt. Zu den folgenden Bildern sollst Du Dir einen passenden Aufgabentext ausdenken.

Bild 1:

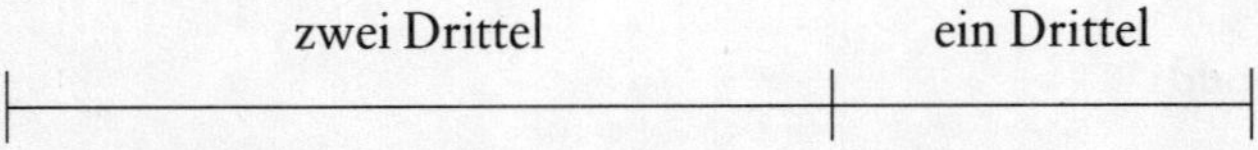
zwei Drittel
ein Drittel

Gesamtlänge der Strecke = 180 m

Ergänze:

Wie könnte ein Aufgabentext lauten, der zu diesem Bild paßt?

Antwort: ______________________________

____

____

Bild 2:

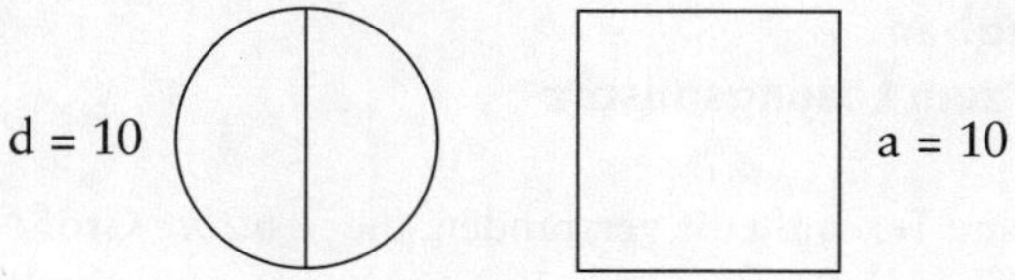

$d = 10$ ⊘   □ $a = 10$

Kreisdurchmesser d   Seitenlänge des Quadrats a

Wie könnte ein Aufgabentext lauten, der zu diesem Bild paßt?

Antwort: _____

_____

_____

Sachaufgaben
Vom Text zum Lösungsansatz

Hat man eine Textaufgabe verstanden, die *gesuchte* Größe richtig erfaßt und die *gegebenen Voraussetzungen* ermittelt und von allem Unwesentlichen geschieden, dann braucht man einen *Lösungsansatz*. Das bedeutet: einen Zusammenhang, in dem die gesuchte und die gegebenen Größen stehen und der für eine rechnerische Behandlung zugänglich ist. Die Durchführung dieser Rechnung ergibt dann schließlich das Ergebnis.

Zuvor aber muß man erst einmal diesen Lösungsansatz entwickeln. Dazu ist folgendes hilfreich:

Erstens: Versieh die gesuchte Größe mit einem Namen oder Symbol, z. B. x.

Zweitens: Entwickle den Zusammenhang zwischen gesuchter und gegebenen Größen in *einzelnen Gedankenschritten*, und schreibe sie auf.

Betrachte folgende einfache

Aufgabe:
12 Flaschen Wein kosten 96 DM. Wieviel kosten 5 Flaschen?

Ergänze:

- 5 Flaschen Wein kosten x DM.

- Wenn 12 Flaschen 96 DM kosten, dann ist der Preis

  für 1 Flasche = _____

- 5 Flaschen Wein kosten 5mal den Einzelpreis, also

  x = _____

Sachaufgaben
Lösungsansatz

Wir entwickeln den Lösungsansatz für die folgende

Aufgabe:
3 Arbeiter schaffen 36 Quadratmeter Fliesen pro Stunde. In wieviel Stunden schaffen 8 Arbeiter eine Fläche von 960 Quadratmetern?

Ergänze bzw. begründe die einzelnen Schritte:

• Die gesuchte Arbeitszeit für die Gesamtfläche: x Stunden.

• x = 960 : Stundenleistung von 8 Arbeitern

Begründung: _____

_____

• Stundenleistung von 8 Arbeitern = 8 · Stundenleistung von 1 Arbeiter

• Stundenleistung 1 Arbeiter = $36 \, m^2 : 3 =$

_____

Begründung: _____

_____

- Wir können nun die Ergebnisse der Zwischenschritte in die Ausgangsgleichung einsetzen:

$x = 960 : 8 \cdot 12 = 960 : 96 =$ _____

Antwort: 8 Arbeiter benötigen für die Fläche von 960

Quadratmetern _____

Arbeitszeit.

Sachaufgaben
Lösungsansatz

Versuche, auch für die folgende Aufgabe einen Lösungsansatz aufzustellen. Du wirst merken, daß auf den ersten Blick komplizierte und verwirrende Angaben überschaubar und handhabbar werden, wenn man jeden einzelnen Gedankenschritt schriftlich festhält und die folgenden darauf aufbaut. Es geht hier hauptsächlich um die Erstellung einer Gleichung, die Rechnung muß nicht durchgeführt werden.

Aufgabe:
In 16 Jahren wird eine Mutter doppelt so alt wie ihre Tochter sein. Beide zusammen sind heute 40 Jahre. Wie alt sind sie?

Ergänze bzw. begründe die folgenden Schritte. Da es immer um die Größeneinheit «Jahre» geht, lassen wir sie bei den Zahlenangaben weg.

1. Das Alter der Tochter: x

2. Das Alter der Mutter: 40 − x

Begründung: _____

_____

_____

3. In 16 Jahren gilt:
Alter der Mutter = (40 − x) + 16
Alter der Tochter = x + 16

Begründung: _____

_____

_____

4. Da in 16 Jahren die Mutter doppelt so alt wie ihre Tochter ist, folgt aus Schritt 3:

_____

Sachaufgaben
Vom fertigen Lösungsansatz zurück zum Weg

Diesmal geht es nicht um die Erarbeitung eines Lösungsansatzes. Umgekehrt: Du findest den fertigen Lösungsansatz vor und sollst Dir die Schritte überlegen, die zu ihm hingeführt haben.

Aufgabe 1:

Wenn ich zum Doppelten einer Zahl 14 addiere und das Gesamtergebnis mit 2 multipliziere, so erhalte ich 100. Wie heißt die gesuchte Zahl?

Lösungsansatz: $(2x + 14) \cdot 2 = 100$

1. Schritt: Gesuchte Zahl = _____

2. Schritt: _____

3. Schritt: _____

4. Schritt: _____

Verfahre entsprechend mit

Aufgabe 2:
Wenn ich eine Zahl durch 4 teile, 10 addiere und alles mit 3 multipliziere, dann erhalte ich 45. Wie heißt die gesuchte Zahl?

Lösungsansatz: $\left(\dfrac{x}{4} + 10\right) \cdot 3 = 45$

1. Schritt: Gesuchte Zahl = _____

2. Schritt: _____

3. Schritt: _____

4. Schritt: _____

Sachaufgaben
Skizzen und Zeichnungen als
Veranschaulichungsmittel

Oft ist es für die Ermittlung des Lösungsansatzes nützlich, *Zeichnungen* anzufertigen. Sie bieten beispielsweise bei geometrischen Aufgaben das Anschauungsmaterial, dem gesetzmäßige Zusammenhänge zwischen einzelnen Größen zu entnehmen sind.

Betrachten wir die folgende

Aufgabe:
Ein rechteckiges Grundstück wird ringsum mit einem Bauzaun umgeben. Man braucht 122 m Zaun. Das Grundstück ist 37 m lang. Wie breit ist es?

Ergänze bzw. begründe die einzelnen Schritte. Die Größenangabe Meter (m) lassen wir wieder weg.

1. Breite des Grundstücks: x

2. Zeichnung des rechteckigen Grundstücks:

37

x   x

37

3. Der Umfang des Rechtecks ist _____

Begründung: _____

_____

_____

Sachaufgaben
Gesetze aus Physik, Geometrie etc. als Hilfsmittel

Bei vielen Textaufgaben ist es hilfreich, wenn man auf *Kenntnisse* über den gesetzmäßigen Zusammenhang zwischen verschiedenen Größen *zurückgreifen* und diesen für die Erstellung des Lösungsansatzes verwenden kann. Betrachte dazu die folgende

Aufgabe:

Zwei Freunde, die in zwei 110 km entfernten Orten wohnen, fahren sich gegenseitig entgegen, der eine mit einem Auto und einer Geschwindigkeit von 55 km/h, der andere mit einem Motorroller und einer Geschwindigkeit von 35 km/h. Wo und wann treffen sich die beiden?

Hast Du eine Idee? Die Größen, um deren Verhältnis zueinander es hier geht, sind Geschwindigkeit, Entfernung oder Strecke und Zeit. Vielleicht kennst Du aus dem Physikunterricht oder aus eigenen Überlegungen den folgenden Zusammenhang zwischen ihnen:

$s = v \cdot t$, s: zurückgelegte Strecke; v: Geschwindigkeit; t: Zeit

Die zurückgelegte Strecke ist also das Produkt aus Geschwindigkeit und Zeit. Du kennst diesen Zusammenhang sicherlich aus Deiner eigenen Erfahrung: Fährt man mit einem Auto auf der Autobahn 2 Stunden lang mit einer Geschwindigkeit von 120 km/h, so hat man eine Strecke von 240 km zurückgelegt. Verwende dieses Gesetz, um den Lösungsansatz für die Aufgabe zu entwickeln. Ergänze:

1. Gesuchte Fahrzeit bis zum Treffpunkt: x

2. Zurückgelegte Strecke des Autos nach dieser Zeit: $55 \cdot x$

3. Zurückgelegte Strecke des Motorrollers:

_____

4. Beide Teilstrecken summieren sich zur Gesamtstrecke, also:

_____

Sachaufgaben
Bearbeitungsstrategie: vom Text bis zur fertigen Lösung

Wir wollen nun einmal eine Textaufgabe vollständig bearbeiten. So hast Du ein Muster für die Strategie, mit der man eingekleidete Aufgaben am besten zu Leibe rückt. Als Beispiel nehmen wir die folgende

Aufgabe:

Karl hat in der rechten Tasche doppelt soviel Nüsse wie in der linken. Tut er 30 Nüsse von der rechten in die linke Tasche, so sind dort achtmal soviel wie rechts. Wie viele Nüsse befinden sich anfangs in jeder Tasche?

Lösung:

1. Die *gesuchte Größe*: Die Anzahl der Nüsse in der linken Tasche sei x.
2. Die Ermittlung des *Lösungsansatzes*. Die Zahl der Nüsse beträgt:

	links	rechts
anfangs	x	2x
nachher	x + 30	2x − 30

Da die Anzahl links das Achtfache der Anzahl rechts ausmacht, folgt der Lösungsansatz:

$$x + 30 = 8 (2x - 30)$$

3. *Auflösung* der Gleichung:

$$
\begin{aligned}
x + 30 &= 8 (2x - 30) \\
x + 30 &= 16x - 240 \\
240 + 30 &= 16x - x \\
270 &= 15x \\
\frac{270}{15} &= x \\
18 &= x
\end{aligned}
$$

4. *Probe* durch Einsetzen der Lösung:
$$18 + 30 = 8 (36 - 30) = 48$$

5. *Antwort*: In der linken Tasche befinden sich 18, rechts
36 Nüsse.

Sachaufgaben
Vorsicht Trugschlüsse!

Die *schrittweise* Erstellung eines Lösungsansatzes hält dazu an, den Gedankengang zur Lösung der Aufgabe *folgerichtig* aufzubauen. Insofern schützt dieses Verfahren auch vor allerlei *Trugschlüssen*, die sich einstellen können, wenn man insbesondere bei scheinbar einfachen Aufgaben spontan das Ergebnis sagt statt erschließt. Das wird deutlich in folgender

Aufgabe:
Eine Flasche kostet mit Korken 1,10 DM. Die Flasche kostet 1 DM mehr als der Korken. Wieviel kosten Flasche und Korken?

Schreibe die Antwort, die auch Dir bei dieser «leichten» Aufgabe sicher spontan einfällt, bitte sofort auf:

Antwort:

Die Flasche kostet _____

Der Korken kostet _____

Wahrscheinlich ergeht es Dir wie den meisten, die mit der vorschnellen Lösung bei der Hand sind:

«Die Flasche kostet 1 DM, der Korken 0,10 DM.»

Leuchtet Dir ein, warum die Antwort falsch ist? Mache die Probe: Ist bei einem Preis von 1 DM die Flasche 1 DM *teurer* als der Korken? Sicher nicht.

Also erarbeiten wir lieber einen richtigen Lösungsansatz. Schreibe ihn auf:

Der Lösungsansatz lautet: _____

_____

_____

Sachaufgaben
Denkschema ja – Schema-Denken nein!

Wir haben im letzten Arbeitsblatt darauf aufmerksam gemacht, daß ein *konsequenter Aufbau* der Gedankenschritte vor Trugschlüssen schützen kann. Man kann sich
dabei gewissermaßen an ein «Schema» halten: Was ist *gesucht*, was ist *gegeben,* wie sieht der Zusammenhang zwischen beidem und damit der Lösungsansatz aus?

Man hüte sich allerdings vor dem Fehlschluß, ein
Schema, das bei *einem* Aufgabentyp, etwa dem Dreisatz,
zum Ziel führt, gedankenlos auf andere Aufgaben zu übertragen. Das führt notwendig zu Fehlern, wenn nicht gar zu
blankem Unsinn. Wie denkst Du über folgende Aufgaben?

Aufgabe 1:
Ein Ei kocht 5 Minuten. Wie lange muß man sechs Eier
kochen?

Aufgabe 2:
Fünf Heuhaufen und sieben Heuhaufen werden zusam-
mengefahren. Wie viele Heuhaufen ergibt das?

Aufgabe 3:
Ein Mann besteigt einen 1000 Meter hohen Berg in 4 Stunden, ein anderer Mann in 6 Stunden. In welcher Zeit können es beide zusammen schaffen?

Vielleicht hast Du bereits beim Lesen der Aufgaben geschmunzelt. Schreibe kurz auf, warum:

Zu Aufgabe 1:

_____

Zu Aufgabe 2:

_____

Zu Aufgabe 3:

_____

Sachaufgaben
Wo steckt der Fehler?

Betrachte die folgenden Aufgaben und ihre Lösungen. Es haben sich Fehler eingeschlichen. Sie liegen bereits im Lösungsansatz, nicht erst in der durchgeführten Rechnung. Kannst Du sie finden?

Aufgabe 1:

In einem Hotel sind 80 neue Gäste eingezogen. Am folgenden Wochenende ziehen 35 Gäste aus. Insgesamt hat das Hotel zu diesem Zeitpunkt noch 240 Gäste. Wieviel waren es eine Woche zuvor?

Lösung:
Schritt 1: $80 - 35 = 45$
Schritt 2: $45 + 240 = 285$
Antwort: 285 Gäste waren eine Woche zuvor im Hotel.

Ergänze:

Der Lösungsansatz ist falsch, weil _____

_____

_____

_____

Aufgabe 2:
Klaus spart regelmäßig. Jetzt hat er 820 DM. Das sind 80 DM weniger als das Doppelte der Summe, die er vor einem Jahr besaß. Wieviel war das?

Lösung:
Schritt 1: $820 - 80 = 740$
Schritt 2: $740 \cdot 2 = 1480$
Antwort: Klaus besaß vor einem Jahr 1480 DM.

Ergänze:

Der Lösungsansatz ist falsch, weil _____

_____

_____

_____

Lösungen

Arbeitsblatt 1:

Aufgabe 1: Der Gärtner pflanzt 21 Bäume. Er benötigt 11 Stunden.

Aufgabe 2: Die Fabrik stellt täglich 35 Geräte her. Die Tagesproduktion bringt 5600 DM ein.

Arbeitsblatt 2:

Aufgabe 1: Wie lang ist die längere Seite? Antwort: Die längere Seite des Gartens ist 30 m lang.

Aufgabe 2: Wie lang ist die *Fahrzeit* der beiden?

Arbeitsblatt 3:

Sinnvollerweise läßt sich danach fragen, *wie viele Spiele* die Kinder zusammen haben (erste Frage) und wie hoch ihr *Taschengeld* insgesamt ist (zweite Frage). Schließlich könnte man noch fragen, *wie viele Geschwister* die Kinder zusammen haben (dritte Frage).

Antwort 1: $4 + 7 + 9 = 20$; die Kinder besitzen zusammen 20 Spiele.

Antwort 2: $10 + 12 + 8 = 30$; die Kinder haben insgesamt 30 DM Taschengeld.

Antwort 3: $1 + 2 + 3 = 6$; die Kinder haben zusammen 6 Geschwister.

Arbeitsblatt 4:

Gegeben war eine *Leistung* pro Stunde, nämlich 36 Quadratmeter Fliesenlegen. Zusätzlich gegeben war die *Anzahl der Arbeiter*, die diese Leistung vollbringt, nämlich drei. Daraus läßt sich die gefragte Leistung von fünf Arbeitern errechnen. Sie beträgt übrigens $\frac{36 \cdot 5}{3} = 60$ Quadratmeter Fliesen pro Stunde.

Arbeitsblatt 5:

3 Arbeiter und 36 Quadratmeter pro Stunde sind die einzigen Angaben, die für die Lösung *nötig* sind. Denn gefragt ist ja nach der Leistung pro Stunde von 5 Arbeitern. Und diese Leistung drückt sich wieder in *Quadratmetern pro Stunde* aus. Dafür ist die absolute *Dauer* des Arbeitstages von 8 Stunden ebenso belanglos wie der Stunden*lohn* jedes Arbeiters, der ja eine *Geld*größe ist.

Arbeitsblatt 6:

Die für die Beantwortung der Frage nötigen Angaben sind die *Anzahl der Arbeiter,* die *Stundenleistung pro Mann* sowie die *Größe der gesamten Fläche*.

Der Quadratmeterpreis von 120 DM wäre eine nötige Angabe für die Frage, *wie teuer* den Kunden die gesamte Arbeit kommt.

Arbeitsblatt 7:

Aufgabe 1: Wie hoch ist der Gesamtbestand der Bücherei? Bei dieser Frage würde die Angabe fehlen, wie groß nach dem Ausleihen der verbliebene Restbestand ist.

Es wäre aber auch eine andere Frage sinnvoll: Wie viele Bücher entfallen durchschnittlich auf einen Ausleihenden? Hierzu müßte die Anzahl der Ausleihenden gegeben sein.

Aufgabe 2: Wie hoch ist der Preis für eine Dose Limonade? Bei dieser Frage würde die Angabe fehlen, wie viele Dosen eine Palette enthält.

Arbeitsblatt 8:

Aufgabe 1: Anzahl der Zimmer und Fenster sowie Stundenlohn und Wochenarbeitszeit stehen in keinem Zusammenhang. Es könnte aber durch weitere Angaben einer hergestellt werden. Etwa dadurch, daß man die Zeit pro Fenster angibt, die das Anstreichen in Anspruch nimmt. Zu fragen wäre dann, wie teuer der gesamte Fensteranstrich wird. Oder auch, ob die Gesamtarbeit in einer Woche mit 40 Arbeitsstunden zu schaffen ist.

Aufgabe 2: Länge des LKW, PS-Zahl und Geschwindigkeit stehen in keinem Zusammenhang.

Arbeitsblatt 9:

Aufgabe 1: Es gibt natürlich viele Möglichkeiten. Hier ist eine: Um zur Schule zu kommen, muß Dagmar 10 Minuten bis zur Bushaltestelle gehen. Der Schulbus fährt 15 Minuten bis zur Schule. Wie lang dauert Dagmars Schulweg?

Aufgabe 2: Eine von vielen Möglichkeiten ist diese: Die Konfektionsabteilung eines Kaufhauses verkauft 24 Jacken zu 50 DM, 11 Anzüge zu 120 DM und 9 Mäntel zu 480 DM. Wie hoch ist der Tagesumsatz?

Arbeitsblatt 10:

Aufgabe 1: Das Grundstück läßt sich folgendermaßen zeichnen:

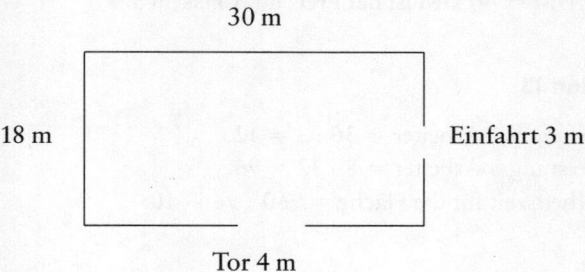

30 m

18 m   Einfahrt 3 m

Tor 4 m

Aufgabe 2: Folgende Skizze verdeutlicht den Sachverhalt:

Hamburg   860 km   München

├────────────────────────┤ ├────────────────────────┤

8 Uhr   12 Uhr   12 Uhr   8 Uhr

| 4mal 80 km = 320 km | | 4mal 100 km = 400 km |

Arbeitsblatt 11:

Bild 1: So könnte der Aufgabentext lauten: Eine Wasserleitung von 180 Meter Länge soll verlegt werden. Zwei Drittel davon sind bereits fertig. Wieviel Meter Leitung sind noch zu verlegen?
Bild 2: Ein Kreis hat einen Durchmesser von 10 cm, ein Quadrat eine Seitenlänge von ebenfalls 10 cm. Welche Figur hat den größeren Flächeninhalt?

Arbeitsblatt 12:

Preis für 1 Flasche = 96 DM : 12 = 8 DM.
x = 5 · 8 DM = 40 DM ist der Preis für 5 Flaschen.

Arbeitsblatt 13:

Stundenleistung 1 Arbeiter = 36 : 3 = 12.
Stundenleistung 8 Arbeiter = 8 · 12 = 96.
Gesamtarbeitszeit für die Fläche = 960 : 96 = 10.

Arbeitsblatt 14:

Ist die Tochter x Jahre, so die Mutter 40 − x, weil beide zusammen heute 40 Jahre alt sind. In 16 Jahren sind beide Alter um 16 gewachsen. Daher: Alter der Tochter = x + 16, Alter der Mutter = (40 − x) + 16. Zu diesem Zeitpunkt ist die Mutter doppelt so alt wie ihre Tochter. Das heißt:
(40 − x) + 16 = 2 · (x + 16).

Arbeitsblatt 15:

Aufgabe 1: Gesuchte Zahl = x. Das Doppelte ist $2x$. Addition von 14 dazu ergibt $2x + 14$. Multiplikation dieser Zahl mit 2 ergibt 100, also − wie im Lösungsansatz festgehalten − ist $(2x + 14) \cdot 2 = 100$.
Aufgabe 2: Gesuchte Zahl = x. Teilung durch 4 ergibt $\frac{x}{4}$. Addition von 10 führt zu $\frac{x}{4} + 10$. Diese Zahl mit 3 multipliziert ergibt 45. Also:

$$\left(\frac{x}{4} + 10\right) \cdot 3 = 45.$$

Arbeitsblatt 16:

Der Umfang eines Rechtecks setzt sich zusammen aus zwei Längsseiten und zwei Seiten in der Breite, also:
$2 \cdot x + 2 \cdot 37 = 122$.

Arbeitsblatt 17:

Gesuchte Fahrzeit = x. Das Auto legt in der Stunde 55 km zurück, also in x Stunden 55 x km. Entsprechend ist der Motorroller nach dieser Zeit 35 x km gefahren. Wenn beide sich treffen, ist die Gesamtstrecke von 110 km zurückgelegt. Die beiden Teilstrecken addieren sich zu diesem Zeitpunkt also zu 110 km, also:
$55 \cdot x + 35 \cdot x = 110$.

Arbeitsblatt 19:

Der Korken koste x DM. Die Flasche ist 1 DM teurer als der Korken, kostet also $1 + x$. Beide zusammen kosten 1,10 DM, also ist $x + (1 + x) = 1,10$. Du kannst leicht ausrechnen, daß der Preis für den Korken nun $x = 0,05$ DM ist.

Arbeitsblatt 20:

Aufgabe 1: Bei jedem Ei ist die Kochzeit die gleiche. Sie hängt also nicht von der Anzahl der Eier ab. Die Frage ist also sinnlos.
Aufgabe 2: Werden mehrere Heuhaufen zu einem vereinigt, so ergibt sich eben nur *ein* Heuhaufen. Sein Umfang ist größer als der seiner Teile, aber die Anzahl ist 1.
Aufgabe 3: Die Geschwindigkeiten, mit der die beiden Bergsteiger gehen, sind unabhängig voneinander, können daher auch nicht aufeinander einwirken. Die Frage ist daher sinnlos.

Arbeitsblatt 21:

Aufgabe 1: In Schritt 1 wird zunächst richtig überlegt: Von 80 neuen Gästen sind 35 wieder ausgezogene wieder abzuziehen, so daß 45 Neuzugänge übrigbleiben. Aber Schritt 2 schließt falsch weiter: Diese Neuzugänge müssen vom Gesamtbestand 240 subtrahiert werden, um den Ausgangsbestand zu ermitteln. Fälschlicherweise werden sie aber addiert.
Richtig heißt die Lösung also so:
Schritt 1: $80 - 35 = 45$ Neuzugänge,
Schritt 2: $240 - 45 = 195$ = Ausgangsbestand an Hotelgästen.

Aufgabe 2: Am Ergebnis sieht man sofort, daß der Lösungsweg falsch war: Hatte Klaus vor einem Jahr 1480 DM bei einem jetzigen Sparergebnis von 820 DM, dann kann er gar nicht gespart haben, weil sich seine Rücklagen vermindert haben. Wo also liegt der Fehler?
Bereits Schritt 1 ist falsch: Wenn 820 DM *weniger* sind als das Doppelte der Vorjahressumme – und zwar 80 DM –, dann müssen die 820 DM um die 80 DM *vermehrt* werden, um dieses Doppelte zu erhalten: 820 DM + 80 DM = 900 DM = doppeltes Vorjahresergebnis. Schritt 1 subtrahiert aber fälschlicherweise. Schritt 2 ist ebenfalls verkehrt: 900 DM *sind* das Doppelte der Vorjahresersparnisse, müssen also durch 2 geteilt werden, um diese zu ermitteln: 900 DM : 2 = 450 DM. Statt dessen multipliziert Schritt 2.

Aufgaben zum Sachrechnen

1. Ein Ware wird mit 15 % Mehrwertsteuer für 258,75 DM verkauft. Wie hoch ist der Nettopreis?

2. Ein Auto legt die Strecke von A nach B bei einer Geschwindigkeit von 60 km/h in $1\frac{1}{4}$ Stunden zurück. Wie lange braucht ein Motorrad für die gleiche Strecke, das mit einer Geschwindigkeit von 40 km/h fährt?

3. Ein Dampfer legt stromauf in einer bestimmten Zeit 48 km zurück, in derselben Zeit stromab 72 km. Die Strömungsgeschwindigkeit beträgt 6 km/h. Wie hoch ist die Eigengeschwindigkeit?

4. Ein Bauer hält Hühner und Kaninchen. Sie haben zusammen 19 Köpfe und 52 Beine. Wie viele Hühner und Kaninchen besitzt der Bauer?

5. Die Quersumme einer zweistelligen Zahl beträgt 8. Ihre Zehnerziffer ist um 2 größer als die Einerziffer. Wie heißt die Zahl?

6. Wenn man von der Hälfte einer Zahl 12 subtrahiert und das Ergebnis verdreifacht, so erhält man 54. Wie heißt die Zahl?

7. Marie ist jetzt doppelt so alt wie Anna. Vor vier Jahren war sie aber sechsmal so alt wie Anna. Wie alt sind beide?

8. Ein Arbeiter schafft eine Arbeit in 42 Stunden, ein anderer in 56 Stunden. Die Arbeit kann durch beide gleichzeitig erledigt werden. In welcher Zeit schaffen es beide gemeinsam?

9. Das Sicherheitsventil in der folgenden Skizze verhindert, daß der Druck in einem Behälter eine bestimmte Grenze überschreitet. Wie groß darf die Gegenkraft des Drucks F2 höchstens werden, wenn am Sicherheitsventil eine Zugkraft von 50 N wirkt?

Skizze:

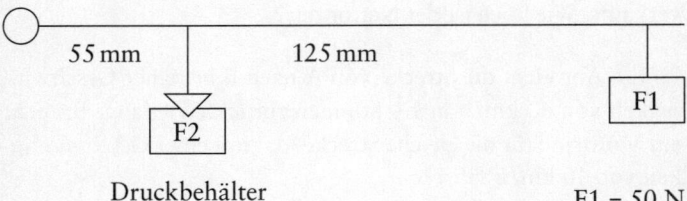

Druckbehälter

F1 = 50 N

10. Drei Männer spielen gemeinsam Lotto. Das Los kostet 16 DM. A bezahlt davon 8 DM, B und C jeweils 4 DM. Sie gewinnen 38 400 DM. Wie muß der Gewinn gerecht nach dem Einsatz aufgeteilt werden?

Lösungen

1. Der gesuchte Nettowarenpreis sei x. Dann beträgt der Mehrwertsteueraufschlag darauf 0,15 x. Der Bruttopreis ist also

x + 0,15 x = 258,75   (Lösungsansatz)

Auflösung der Gleichung:

$$1,15 x = 258,75$$
$$x = 258,75 : 1,15$$
$$x = 225$$

Der Nettopreis der Ware beträgt 225 DM.

2. Wenn das Auto die Strecke AB mit einer Geschwindigkeit von 60 km/h in $1\frac{1}{4}$ Stunden schafft, beträgt die Länge s dieser Strecke

$$s = v \cdot t = 60 \cdot 1\frac{1}{4} = 75$$

Wie lange braucht also ein Motorrad mit der Geschwindigkeit 40 km/h, um eine Strecke von 75 km zu durchfahren?

Die gesuchte Zeit sei x. Da Geschwindigkeit mal Zeit die Strecke von 75 km ergibt, erhalten wir den Lösungsansatz

$$75 = 40\,x$$

$$\frac{75}{40} = x$$

$$1\frac{7}{8} = x$$

In $1\frac{7}{8}$ Stunden schafft das Motorrad die fragliche Strecke.

3. Die zurückgelegte Strecke ist das Produkt aus Geschwindigkeit und Zeit.

Es sei die Eigengeschwindigkeit des Dampfers x. Wegen der Stromgeschwindigkeit von 6 km/h folgt:

Dampfergeschwindigkeit stromauf: $(x - 6)$;

Dampfergeschwindigkeit stromab: $(x + 6)$.

In einer bestimmten Zeit t läuft der Dampfer stromauf 48 km, stromab 72 km, so daß also gilt:

$$(x - 6) \cdot t = 48$$
$$(x + 6) \cdot t = 72$$

Wir lösen beide Gleichungen nach t, der identischen Zeit, auf:

$$t = \frac{48}{x - 6}$$

$$t = \frac{72}{x + 6}$$

Damit sind die beiden rechten Terme der Gleichungen identisch:

$$\frac{48}{x-6} = \frac{72}{x+6}$$

Dies ist der Lösungsansatz. Auflösung der Gleichung:

$$\frac{48}{x-6} = \frac{72}{x+6}$$

$$72\,(x-6) = (x+6)\,48$$

$$72x - 432 = 48x + 288$$

$$24x = 720$$

$$x = \frac{720}{24}$$

$$x = 30$$

Die gesuchte Eigengeschwindigkeit des Dampfers beträgt also 30 km/h.

4. Die Anzahl der Hühner sei x. Da mit der Anzahl der Köpfe der Tiere deren Gesamtzahl feststeht und ein Kaninchen doppelt so viele Beine wie ein Huhn besitzt, können wir nach folgendem Schema weiterschließen:

	Hühner	Kaninchen
Köpfe	x	$19 - x$
Beine	$2x$	$4\,(19-x)$

Da die Gesamtzahl der Beine mit 52 gegeben ist, ergibt sich daraus der Lösungsansatz:

$$2x + 4\,(19-x) = 52$$

Auflösung der Gleichung:

$$2x + 4(19 - x) = 52$$
$$2x + 76 - 4x = 52$$
$$-2x = -24$$
$$x = 12$$

Der Bauer hat also 12 Hühner und 7 Kaninchen.

5. Die Einerziffer der gesuchten Zahl heißt x. Dann ist die Zehnerziffer x + 2.
Für die Quersumme folgt: $(x + 2) + x = 8$ (Lösungsansatz)
Auflösung der Gleichung:

$$(x + 2) + x = 8$$
$$2x + 2 = 8$$
$$2x = 6$$
$$x = 3$$

Die gesuchte Zahl heißt also 53.

6. Wir gehen nach folgendem Schema vor:

Die gesuchte Zahl:	x
Deren Hälfte:	$\frac{1}{2}x$
Subtraktion um 12:	$\frac{1}{2}x - 12$
Verdreifachung:	$3\left(\frac{1}{2}x - 12\right)$
Lösungsansatz:	$3\left(\frac{1}{2}x - 12\right) = 54$

Auflösung der Gleichung:

$$3 \left(\frac{1}{2} x - 12 \right) = 54$$

$$\frac{3}{2} x - 36 = 54$$

$$\frac{3}{2} x = 90$$

$$x = 60$$

Die gesuchte Zahl heißt 60.

7. Wir entwickeln schrittweise den Lösungsansatz. Das gesuchte Alter von Anna sei x. Dann folgt:

	Anna	Marie
jetzt	x	2x
vor 4 Jahren	x − 4	2x − 4

Vor vier Jahren war Marie sechsmal so alt wie Anna. Daraus folgt der Lösungsansatz:

$$2x - 4 = 6 (x - 4)$$

Auflösung der Gleichung:

$$2x - 4 = 6 (x - 4)$$
$$2x - 4 = 6x - 24$$
$$- 4x = - 20$$
$$x = 5$$

Anna ist jetzt fünf, Marie zehn Jahre alt.

8. Die gesamte Arbeit ist ihrem Umfang nach zwar nicht bekannt, wohl aber wissen wir, daß es ein und dieselbe Arbeit ist, die von einem Arbeiter in 42 Stunden, von einem anderen in 56 Stunden erledigt wird. Wir nennen diese identische Arbeit A. Dann folgt:

Stundenleistung von Arbeiter 1: $\dfrac{A}{42}$

Stundenleistung von Arbeiter 2: $\dfrac{A}{56}$

Diese Leistung gibt also an, wieviel Arbeit pro Stunde von jedem erledigt wird. Wir fragen uns nun, für welche Zeitspanne von beiden diese Leistung erbracht werden muß, um die gesamte Arbeit zu schaffen.

Diese Zeit sei x. Dann erhalten wir folgenden Lösungsansatz:

$$\frac{A}{42}\, x + \frac{A}{56}\, x = A$$

Auflösung der Gleichung:

$$\frac{A}{42}\, x + \frac{A}{56}\, x = A$$

$$\frac{1}{42}\, x + \frac{1}{56}\, x = 1 \quad \text{nach Division durch A}$$

$$\frac{4}{168}\, x + \frac{3}{168}\, x = 1 \quad \text{Hauptnenner 168}$$

$$\frac{7}{168}\, x = 1$$

$$x = \frac{168}{7}$$

$$x = 24$$

Nach 24 Stunden haben beide Arbeiter zusammen die Gesamtarbeit erledigt.

9. Vergegenwärtigen wir uns die Skizze:

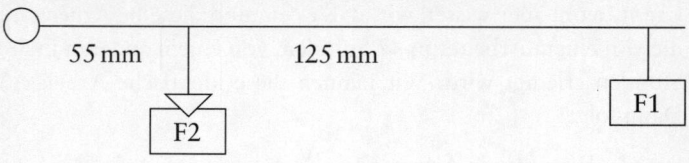

55 mm   125 mm

F2

F1

Druckbehälter   F1 = 50 N

Es handelt sich bei der Konstruktion um einen *einseitigen Hebel*, dessen Drehpunkt links außen liegt.

Es gilt also das Hebelgesetz

$$F1 \cdot r1 = F2 \cdot r2$$

wobei F1 die Zugkraft am rechten Ende und r1 der Weg zum Drehpunkt des Hebels ist. F2 bezeichnet den Gegendruck, r2 den Weg vom Gegendruckpunkt zum Drehpunkt des Hebels.

Da alle Größen dieser Gleichung bis auf das gesuchte F2 laut Skizze bekannt sind, können wir umformen:

$$F2 = \frac{F1 \cdot r1}{r2}$$

$$F2 = \frac{50 \text{ N} \cdot 180 \text{ mm}}{55 \text{ mm}}$$

$$F2 = 163{,}6 \text{ N}$$

Der Druck im Druckbehälter darf also die kritische Marke von 163,6 N nicht überschreiten; sonst öffnet sich das Sicherheitsventil.

10. Die anteiligen Einsätze ermittelt man folgendermaßen:

A: $\frac{8}{16} = \frac{1}{2}$ Anteil am Gesamteinsatz,

B und C: $\frac{4}{16} = \frac{1}{4}$ Anteil am Gesamteinsatz.

Bei entsprechender Gewinnaufteilung erhält also

$A: \frac{1}{2} \cdot 38\,400 = 19\,200$ DM,

B und C jeweils $\frac{1}{4} \cdot 38\,400 = 9600$ DM.

Knobeleien

1. Anna ist 24 Jahre alt. Sie ist doppelt so alt, wie Marie war, als Anna so alt war, wie Marie jetzt ist. Wie alt ist Marie?

2. Zwei Kerzen K1 und K2 werden gleichzeitig angezündet. Die Länge von K1 ist doppelt so groß wie die von K2. K1 brennt in 2 Stunden herunter. K2 ist dicker und brennt erst in 5 Stunden herunter. Nach welcher Zeit haben K1 und K2 die gleiche Länge?

3. In einem Wäschesack befinden sich 6 Paar weiße und 12 Paar schwarze Socken. Eine Person zieht mit verbundenen Augen jeweils eine Socke aus dem Sack. Wie viele Züge sind erforderlich, um mindestens ein Paar gleicher Farbe zu haben?

4. Drei Männer essen nacheinander aus einer Schüssel Kartoffelklöße. Der erste ißt ein Drittel. Der zweite ißt von dem, was noch dasteht, wieder ein Drittel. Der letzte macht es ebenso und ißt vom verbliebenen Rest ein Drittel. Acht Klöße liegen noch in der Schüssel. Wieviel aß jeder?

5. Von neun völlig gleich aussehenden Münzen ist eine unecht. Sie wiegt weniger als die anderen. Mit einer Schalenwaage (auch Apothekerwaage genannt) ohne Gewichte sollst Du in zwei Wiegevorgängen ermitteln, welche die Fälschung ist. Wie muß gewogen werden?

6. Zehn Säcke mit Goldmünzen wurden beschlagnahmt. Ein Sack enthält lauter Fälschungen. Während eine Originalmünze

1 g wiegt, bringt es die Fälschung nur auf 0,99 g pro Stück. Mit Hilfe einer Skalenwaage (vergleichbar einer Badezimmerwaage) soll nun in einem einzigen Wiegevorgang ermittelt werden, in welchem Sack sich die Fälschungen befinden. Selbstverständlich dürfen die Säcke dazu auch geöffnet und Münzen entnommen werden.

7. Drei Männer essen in einem Gasthaus. Jeder zahlt 10 Mark. Das Essen kostet insgesamt aber nur 25 Mark. Der Kellner steckt 2 Mark für sich ein und gibt jedem Gast eine Mark zurück. Jeder Gast hat also 9 Mark gezahlt, macht zusammen 27 Mark. Der Kellner hat 2 Mark eingesteckt. Wo ist die 30. Mark geblieben?

8. Welche Zahl ergibt, durch ihren fünften Teil dividiert, gerade 5?

9. Welche Zahl ergibt, durch ihren fünften Teil dividiert, gerade 4?

10. Ein alter Araber hatte 17 Kamele und 3 Söhne. Er vermacht seinem ersten Sohn die Hälfte, dem zweiten ein Drittel, dem dritten ein Neuntel seines Besitzes. Wie aber soll man 17 Kamele nach dieser Vorgabe verteilen? Einer schlug vor, sich beim Nachbarn ein Kamel zu borgen. Jetzt hatten sie 18 Kamele. Der erste Sohn erhielt 9, der zweite 6 und der dritte 2, so daß ein Kamel übrigblieb, das dem Nachbarn mit bestem Dank zurückgegeben wurde. Wie ist das zu erklären?

11. Eine Blume entfaltet sich in der Mitte eines kreisrunden Teiches, der einen Radius von 10 m hat. In jeder Nach verdoppelt sich ihre Fläche, bis sie am 20. Tag den ganzen Teich ausfüllt. An welchem Tag hat sie die Hälfte des Teiches bedeckt?

12. Zwei Weingläser sind mit je derselben Menge gefüllt, das eine mit Rotwein, das andere mit Weißwein. Wir nehmen aus dem Rotweinglas einen Löffel voll heraus, gießen ihn in das Weißweinglas und rühren um. Dann nehmen wir aus dem Weingemisch einen Löffel voll heraus und gießen es in den Rotwein. Haben wir nun mehr roten Wein in den weißen oder mehr weißen in den roten Wein gefüllt?

Lösungen

1. Die Geschichte von Anna und Marie tauchte erstmals in amerikanischen Reiseberichten auf. Wir dürfen also davon ausgehen, daß damit schon das Hirn unzähliger Reisender gemartert wurde. Das Folterinstrument in dieser Aufgabe besteht in dem gedanklichen Kreisverkehr, in den man sich mir nichts dir nichts hineinversetzt sieht: «Anna ist doppelt so alt, wie Marie war, als Anna so alt war, wie Marie jetzt ist.»

Will man in dieser Gedankenspirale nicht untergehen, empfiehlt es sich, mit Hilfe einer kleinen Alterstafel geistige Disziplin zu halten und die Gedankenschritte schriftlich zu fixieren. Das Alter von Marie sei dabei x:

	Anna	Marie
jetzt	24	x
damals	x	12

Der erste Zeileneintrag ist klar. Im zweiten Zeileneintrag ist Anna so alt wie Marie jetzt, also x Jahre, und da Anna heute doppelt so alt ist wie Marie, als Anna x Jahre alt war, ist Marie damals 12 Jahre alt.

Ein Lösungsansatz ist das noch nicht. Aber wir stehen kurz davor. Denn wie immer sich das Alter der Damen auch unter dem Gesichtspunkt einer Multiplikation ausnehmen mag, die Alters*differenz* ist zu jedem Zeitpunkt gleich. Und damit gewinnen wir die folgende Bestimmungsgleichung aus der Alterstafel:

$$24 - x = x - 12$$

Die Auflösung der Gleichung macht erheblich weniger Kopfschmerzen als ihre Erstellung:

$$24 - x = x - 12$$
$$36 = 2x$$
$$x = 18$$

Damit ist das Rätsel gelüftet: Marie ist heute 18 Jahre alt.

2. Diese Kerzenaufgabe scheint auf den ersten Blick ebenso einfach wie verwirrend zu sein: Länge, Dicke, Dauer – das alles will in Beziehung gesetzt sein, und das auch noch so, daß ein brauchbares Ergebnis dabei herausspringt.

Auch diese Aufgabe belegt, wie wichtig es ist, jeden einzelnen Gedankenschritt schriftlich zu fixieren, ihn mit Symbolen oder einer ihm entsprechenden Gleichung zu versehen. Erst so werden gedankliche Zwischenergebnisse für Schlußfolgerungen und Rechnungen brauchbar, weil mathematisch handhabbar. Hilfreich ist dazu eine kleine Zeichnung, in der die Größen und ihre Verhältnisse der Anschauung zugänglich werden. Auf geht's:

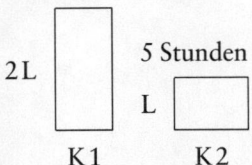

2 Stunden

2 L

5 Stunden

L

K 1   K 2

Kerze K1 ist, da doppelt so lang wie K2, von der Länge 2L, K2 von der Länge L. Die Brenndauer beider ist mit 2 bzw. 5 Stunden gegeben. Das ist so weit schon einmal ganz hübsch, weil sich daraus für jede Kerze die abgebrannte Länge pro Stunde, sozusagen die Abbrandleistung, bestimmen läßt:

$$A1 = \frac{2L}{2} = L$$

$$A2 = \frac{L}{5}$$

A1 bezeichnet die Länge, die Kerze 1 pro Stunde herunterbrennt, A2 dasselbe bezüglich Kerze 2.

Damit können wir nun für eine beliebige Brenndauer x bestimmen, wie weit jede der beiden Kerzen herunterbrennt:
abgebrannte Länge von Kerze 1 nach x Zeit: $L \cdot x$
abgebrannte Länge von Kerze 2 nach x Zeit: $\frac{L}{5} \cdot x$
Nun ist nur noch eine kleine Verwicklung zu meistern: Gefragt ist ja nicht danach, nach welcher Zeit die Kerzen gleich viel Länge durch Abbrand *verloren* haben, sondern wann die *verbleibenden Kerzen* gleich lang sind. Mit anderen Worten: Wann ist die *Differenz* zwischen ursprünglicher Kerzenlänge und Abbrand bei beiden Kerzen gleich? Das ist genau dann der Fall, wenn folgendes gilt:

$$2L - Lx = L - \frac{L}{5}x$$

Es ist vollbracht! Das sieht nach einer Bestimmungsgleichung für x aus, die sich leicht lösen läßt:

$$2L - Lx = L - \frac{L}{5}x$$

$$-Lx + \frac{L}{5}x = -L$$

$$-\frac{4}{5}Lx = -L$$

$$-\frac{4}{5}x = -1 \quad \text{nach Division durch L}$$

$$x = \frac{5}{4}$$

Nach $1\frac{1}{4}$ Stunden haben also die beiden Kerzen die gleiche Länge.

3. Diese Aufgabe bietet nach den bisherigen geistigen Kraftakten eine Gelegenheit zum Verschnaufen. Vorausgesetzt, man hat seine sieben Sachen beieinander und *denkt*, bevor man mit dem *Rechnen* anfängt. Sonst kommt man nämlich auch hier in Teufels Küche, hat aus 6 weißen und 12 schwarzen Paaren im Nu 36 Strümpfe hochgerechnet, aus denen sich ja eine stattliche Anzahl von gezogenen Einzelstücken ergeben kann, vor allem, wenn die Augen verbunden sind.

Bevor man sich auf diesen Holzweg begibt, beachte man folgende schlichte Wahrheit: Da nur zwei Farben im Wäschesack vorkommen, müssen unter drei Socken mindestens zwei gleichfarbige sein. Sonst wären nämlich mindestens drei Farben im Spiel, was aber nicht der Fall ist. Kurz und knapp: Nach drei Zügen hat man *notwendig* ein Paar gleicher Farbe erwischt.

4. Wir bringen Licht ins Dunkel, indem wir jeden einzelnen Knödelvertilgungsakt bilanzieren. Die Ausgangsmenge der Knödel sei x. Dann gilt:

	verzehrt	Restmenge
erster Mann	$\frac{1}{3}x$	$x - \frac{1}{3}x$
zweiter Mann	$\frac{1}{3}\left(x - \frac{1}{3}x\right)$	$x - \frac{1}{3}x - \frac{1}{3}\left(x - \frac{1}{3}x\right)$
dritter Mann	$\frac{1}{3}\left[x - \frac{1}{3}x - \frac{1}{3}\left(x - \frac{1}{3}x\right)\right]$	8

Da die drei Portionen der Esser zusammen mit den restlichen 8 Knödeln die Gesamtmenge ergeben, erhalten wir die Bestimmungsgleichung:

$$\frac{1}{3}x + \frac{1}{3}\left(x - \frac{1}{3}x\right) + \frac{1}{3}\left[x - \frac{1}{3}x - \frac{1}{3}\left(x - \frac{1}{3}x\right)\right] + 8 = x$$

Die Auflösung bereitet weiter keine Schwierigkeiten:

$$\frac{1}{3}x + \frac{1}{3}x - \frac{1}{9}x + \frac{1}{3}x - \frac{1}{9}x - \frac{1}{9}x + \frac{1}{27}x + 8 = x$$

$$-\frac{3}{9}x + \frac{1}{27}x + 8 = 0$$

$$-\frac{8}{27}x = -8$$

$$x = 27$$

Damit waren insgesamt 27 Knödel in der Schüssel. Ein Drittel davon, also 9, aß der erste Mann. Von den restlichen 18 aß der zweite 6 und von den übriggebliebenen 12 der letzte Mann 4.

5. Nun zu unserer ersten Wiegeaufgabe: Lege je drei Münzen in eine Waagschale. Dann sind zwei Fälle denkbar.
Fall 1: Die Schalen halten sich die Waage. Dann ist die Fälschung unter den restlichen drei Münzen zu suchen. Wähle zwei

beliebige Münzen daraus aus, und lege jeweils eine in die Waagschale. Ist die leichtere darunter, zeigt dies die Waagschale an. Andernfalls ist die dritte, nicht gewogene Münze das gesuchte Exemplar.

Fall 2: Die Schalen halten sich nicht die Waage. Nimm die Münzen aus der leichteren Waagschale, und verfahre damit wie in Fall 1.

6. Die zweite Wiegeaufgabe hat es in sich. Vor allem wegen des ersten Eindrucks, den sie auf den «gesunden Menschenverstand» macht: Man ist nämlich im ersten Augenblick geneigt, die Aufgabe schlicht für unlösbar zu halten. Münzen, so weit das Auge reicht, und nur eine altmodische Badezimmerwaage mit einem einzigen Wiegevorgang! Wer mit dieser Knobelaufgabe seine Aufwartung macht, erntet daher nicht selten ein müdes Abwinken, weil die Sache für eine Ulknummer gehalten wird. Da hilft nur inständiges Beteuern: Es ist nicht an dem. Gut bekommt es auch der Stimmung, wenn man statt nach der Lösung nach den Gründen fragt, warum die Aufgabe angeblich unlösbar sein soll. Darin liegt nämlich der Schlüssel für die Lösung!

Und die geht so:

Man stelle die Säcke in eine Reihe, so daß sie von 1 bis 10 durchnumeriert sind.

Nun entnehme man aus dem ersten Sack eine Münze, aus dem zweiten Sack zwei Münzen und so fort bis zum zehnten Sack.

Alle diese Münzen werden nun zusammen auf die Waage gelegt. Wegen der Fälschungen wird sich beim abzulesenden Gewicht eine Abweichung von der Münzzahl multipliziert mit 1 g ergeben, und zwar um so viel Hundertstel, wie Fälschungen auf der Waage liegen. Gesetzt den Fall, die Abweichung beträgt n Hundertstel (n sei eine beliebige ganze Zahl zwischen 1 und 10), dann stammen die Fälschungen aus dem n-ten Sack, aus dem ja gerade n Münzen entnommen wurden.

7. Diese 30. Mark hat schon zu Verzweiflungstaten geführt. Denn jeder merkt sofort, daß hier etwas faul ist. Aber kaum jemand weiß auf Anhieb genau zu sagen, *was* eigentlich.

Die 30 Mark werden auf zweierlei Weise bilanziert, und das führt zum Verdruß aller Freunde der doppelten Buchführung nicht zum *selben*, sondern zu *verschiedenen* Ergebnissen. Schauen wir uns diese Bilanzen also noch einmal genau an:

Bilanz 1: Die drei Männer geben jeder 10 Mark, also insgesamt 30 Mark weg. Diese teilen sich so auf, daß 25 Mark das Essen begleichen, 2 Mark behält der Kellner, 3 Mark gehen retour.

	Essen	Kellner	Rückgabe
30 Mark	25 Mark	2 Mark	3 Mark

So weit ist alles klar. Nun kommt es zu einer
Bilanz 2: Jeder Gast hat 9 Mark gezahlt, 2 Mark hat der Kellner behalten.

	Essen	Kellner	Rückgabe
30 Mark	27 Mark	2 Mark	

Hier erscheint alles ungereimt, weil 27 + 2 nun einmal nicht 30 ergeben. Kein Wunder, denn hier sollen zwei Bilanzposten, 27 und 2 Mark, zu 30 aufaddiert werden, auf die sich die 30 Mark beim Zahlvorgang gar nicht aufgeteilt haben. Denn – erstens – *enthalten* die 27 Mark bereits die 2 Mark für den Kellner, da das Essen ja nur 25 Mark kostete. Diese 2 Mark gehören also gar nicht zusätzlich in die Addition hinein. Zum zweiten wird ein Posten *unterschlagen*: Jedem der drei Männer, denen für Essen und Trinkgeld an den Kellner in der Tat 9 Mark Kosten pro Nase entstanden sind, flossen ja jeweils 1, also insgesamt 3 Mark zurück. Und so betrachtet hat auch die zweite Bilanz ihre Richtigkeit: dreimal 9 Mark für Essen und Trinkgeld plus 3 Mark Wechselgeld ergeben die 30 Mark.

8. Diese Eigenschaft gilt für *jede* Zahl.
Der Beweis ist evident, wenn man die Division als Multiplikation betrachtet. Dann läuft die Aufgabe nämlich auf die Frage hinaus, für welche Zahl das Fünffache ihres Fünftels die Zahl ergibt. Nun, fünf Fünftel – egal, *wovon* – ergeben immer wieder das Ganze, das gefünftelt wurde.

Man kann selbstverständlich auch hier einen Lösungsansatz entwickeln, der zum selben Ergebnis führt. Die gesuchte Zahl sei x, ihr Fünftel also $\frac{x}{5}$. Der Quotient beider soll nun gerade 5 ergeben, d.h.:

$$\frac{x}{\frac{x}{5}} = 5 \quad \text{also}$$

$$\frac{x \cdot 5}{x} = 5$$

Das Eigentümliche dieser Bestimmungsgleichung für x besteht darin, daß gar kein *bestimmtes* x durch diese Gleichung festgelegt wird. Denn diese Gleichung ist erfüllt, *welches x auch immer* man in sie einsetzt, weil sich x herauskürzt.

9. Diese Eigenschaft gilt für *keine* Zahl. Nach den Überlegungen aus der vorigen Aufgabe kann man auch hier die Division als Multiplikation betrachten. So kommt die Aufgabe auf die Frage hinaus, bei welcher Zahl das Vierfache ihres Fünftels die Zahl ergibt. Nun, dieses Wunder kann keine Zahl vollbringen, weil dann $\frac{4}{5} = \frac{5}{5} = 1$ gelten würde.

Erstellt man auch hier wie oben einen Lösungsansatz, so erhält man als Bestimmungsgleichung:

$$\frac{x}{\frac{x}{5}} = 4 \quad \text{also}$$

$$\frac{x \cdot 5}{x} = 4$$

Diese Gleichung kann für *kein* x stimmen, weil sich x herauskürzt und 5 gleich 4 gelten müßte. Wir kommen also auch auf diesem Weg zum selben Ergebnis wie oben.

10. Bevor man über eine Lösung dieser Aufgabe nachdenkt, ist es ratsam, sich erst einmal Rechenschaft darüber abzulegen, *worin* eigentlich die Verwunderung besteht, die jeden übermannt, der diese Aufgabe gehört hat.

Die Araber hatten schon tolle Ideen. Da sollen drei Söhne von 17 Kamelen jeweils die Hälfte, ein Drittel und ein Neuntel als Erbteil erhalten – und nichts geht mehr! 17 ist eben eine Primzahl und weder durch 2, 3 noch 9 teilbar. Mit einem geborgten Kamel wird die Herde auf 18 aufgestockt, und schon geht der letzte Wille des alten Arabers auf wundersame Weise in Erfüllung, weil 18 so schön teilbar ist. Nur reibt man sich am Ende die Augen, weil nach der geglückten Prozedur das geborgte Kamel prompt seinem Besitzer zurückgegeben wird, weil es zwar für die *Teilung* des Erbes nötig war, selbst aber gar nicht in die Erbmasse einging.

Nun, diese Verwunderung des Betrachters rührt daher, daß er insgeheim von einem *Fehlurteil* ausgeht: Stillschweigend wird nämlich unterstellt, daß die drei Erbteile $\frac{1}{2} + \frac{1}{3} + \frac{1}{9}$ die *gesamte* Kamelherde von 18 ergeben müßten, so daß das geborgte Kamel eben auch nicht übrigbleiben und seinem Besitzer zurückgegeben werden kann. Und in dieser Unterstellung liegt der Pferdefuß! In Wahrheit ist nämlich

$$\frac{1}{2} + \frac{1}{3} + \frac{1}{9} = \frac{9}{18} + \frac{6}{18} + \frac{2}{18} = \frac{17}{18}$$

Mit anderen Worten: Teilt man 18 Kamele nach dem genannten Schlüssel auf, werden nur insgesamt 17 Kamele an die drei Söhne verteilt. Das übriggebliebene war das geborgte, das zurückgegeben werden kann.

11. Die Wunderblume verleitet dazu, ihren Wachstumsprozeß vom *Anfang* her nachzuvollziehen. Unter Zuhilfenahme der kuriosen Zahl π läßt sich dann der Flächeninhalt der konzentrischen Kreise berechnen; nimmt man noch die Potenzrechnung hinzu, kann man auch dem Wachstumsprozeß folgen, wobei der Atem um so kürzer wird, je mehr man sich dem 20. Tag nähert. Es ist ganz leicht, sich auf diese Weise in ein undurchdringliches Formelgestrüpp zu verstricken. Und so sollte es auch zunächst einmal bei all denjenigen sein, denen man diese hübsche Aufgabe vorlegt.

Um so größer ist nämlich die Erleichterung, die sich einstellt, wenn man die folgende verblüffend einfache Lösung vorstellt:

Am 19. Tag ist der Teich genau zur Hälfte bedeckt. Begründung: Betrachten wir den Wachstumsprozeß nicht von seinem Anfang, sondern von seinem Ende her. Wenn am 20. Tag der ganze Teich bedeckt ist und in jeder Nacht eine Verdopplung der ausgefüllten Fläche stattfindet, dann muß am Vortag, also am 19. Tag, die Hälfte ausgefüllt gewesen sein, denn zweimal ein Halb macht ein Ganzes.

12. Diese Umfüllaufgabe scheint auf den ersten Blick völlig simpel zu sein und provoziert in der Regel die spontane Antwort: «Natürlich wurde mehr Rotwein in den Weißwein gefüllt als umgekehrt. Der erste Schöpflöffel enthält ja reinen Rotwein, während der zweite den Weißwein nur in verdünnter Form umfüllt.»

Das ist haarscharf, nur daneben: *Womit* ist denn der Weißwein beim zweiten Schöpfvorgang verdünnt? Richtig, mit Rotwein, der die Umfüllmenge des ersten Schöpfvorgangs natürlich wieder mindert. Und so betrachtet ist die Sache nicht mehr ganz so trivial.

Hier die Lösung: Es wurde *gleich viel* Rotwein in den Weißwein und Weißwein in den Rotwein transportiert.

Es fragt sich bloß: Warum? Diese Frage bringt nicht nur Weintrinker in Wallungen. Der Drang zu rechnen findet nämlich einfach kein Zahlenmaterial vor, mit man seine Rechnungen anstellen könnte. Außer der Tatsache, daß wir zwei gleich große und gleich gefüllte Gläser sowie immer denselben Löffel für den Schöpfvorgang benutzen, ist nichts weiter bekannt.

a) Man kann sich zunächst damit behelfen, selbst Zahlenangaben zu machen, ohne damit die Allgemeinheit der Aufgabenstellung einzuschränken. So ist eine Lösung zu haben. Etwa so:

Das Rot- und Weißweinglas mögen jeweils 20 Einheiten («Tropfen») Wein enthalten, der Löffel fasse 5 Einheiten. Dann sieht die Bilanz des Weintransportes folgendermaßen aus:

	Inhalt Rotwein	Transport	Inhalt Weißwein
Umfüllung Rot nach Weiß	15 R	5 R	20 W + 5 R
Umfüllung Weiß nach Rot	15 R + 4 W + 1 R	4 W + 1 R	16 W + 4 R

Da nach dem Umrühren weißer und roter Wein homogen gemischt sind, kommen auf je 4 Einheiten weißen 1 Einheit roter Wein. Eine Schöpfkelle von 5 Einheiten des Gemisches wird daher 4 weiße und 1 rote Einheit enthalten, im Transportdiagramm jeweils mit R bzw. W abgekürzt. Damit ergibt sich für die Transportmenge von Rot nach Weiß insgesamt: 5 R − 1 R, also 4 Einheiten. Für den Weißweintransport ergeben sich ebenso 4 W, also 4 Einheiten. Die Behauptung ist also bewiesen.

b) Allerdings auf äußerst umständliche Weise, wenn man sich die folgende ebenso einfache wie elegante Lösung anschaut:

Da es nur um die *Transport*menge vom Rot- ins Weißweinglas und umgekehrt geht, betrachten wir lediglich den Inhalt des Schöpflöffels:

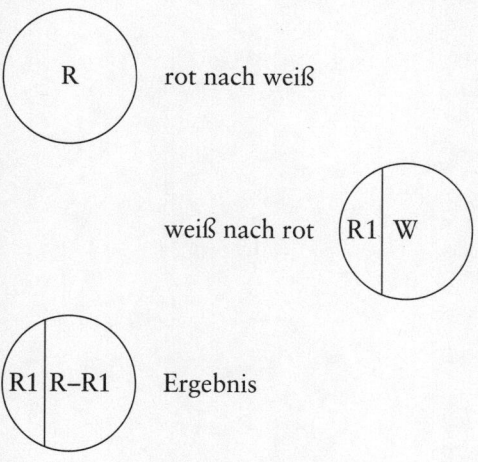

Die drei Kreise symbolisieren den Schöpflöffel, der immer von derselben Größe ist. Das Gemisch, das ins Rotweinglas zurückgefüllt wird, enthalte einen Anteil von W Weißwein und R1 Rotwein. Um diesen Anteil R1 wird die in den Weißwein transportierte Rotweinmenge R vermindert. Also wurde R−R1 Rotwein in den Weißwein transportiert. Da aber R−R1 = W ist, wurde ebensoviel Weißwein in den Rotwein umgefüllt, was zu beweisen war.

c) Das Ergebnis ist auf noch schlichtere Weise zu beweisen. Nach dem Umfüllen hat der Weißwein, der in das Glas mit dem Rotwein kam, exakt die Menge Rotwein ersetzt, die in das Weißweinglas transportiert wurde. Denn beide Gläser enthalten ja anfangs wie hinterher *gleich viel* Flüssigkeit.

Mit dieser Beweisführung läßt sich sogar noch ein weiterer Schluß ziehen, der den Leser vielleicht verblüffen wird: Auch nach beliebig vielen Umfüllvorgängen der genannten Art bleibt es bei demselben Ergebnis. Die Rotweinmenge, die ins Weißweinglas wandert, entspricht exakt der Weißweinmenge, die ins Rotweinglas gelangt.

Anhang: Rechentest

An dieser Stelle dokumentieren wir einen Rechentest, wie wir ihn für eine Untersuchung mit Jugendlichen verwendet haben. Über die Bedeutung und Verwendungsweise eines solchen Tests finden sich die nötigen Hinweise in Abschnitt A, Kapitel 5, dieses Buches. Im Anschluß daran erörtern wir kurz, auf welchen Erkenntnisgewinn die einzelnen Aufgaben zielen.

Rechentest

Liebe Teilnehmer und Teilnehmerinnen,
der folgende Testbogen dient ausschließlich wissenschaftlichen Zwecken. Alle Arbeitsergebnisse werden streng vertraulich behandelt und gehen nicht in die Zensurengebung ein.

Es geht vielmehr darum, anhand ermittelter Fehler deren mathematische Quellen zu erforschen.

Bitte bearbeiten Sie die folgenden Aufgaben sorgfältig. Das bedeutet insbesondere:

- Notieren Sie nicht nur das Ergebnis, sondern auch den Lösungs*weg*. Selbst die kleinste Nebenrechnung soll auf dem Arbeitsbogen festgehalten werden.
- Aufgaben, die für das Kopfrechnen vorgesehen sind, sollen bitte auch nur im Kopf gelöst werden. Daraus ergeben sich Rückschlüsse auf die Rechenfertigkeit, die für alles Weitere sehr wichtig sind.
- Numerieren Sie bitte die Lösungen genauso wie die zugehörigen Aufgaben.

- Nach Durchsicht der Ergebnisse wird jeder Teilnehmer gebeten, einige seiner Lösungen zu erläutern, nicht nur die falschen. Jeder hat sich bei seinen Bemühungen ja «etwas gedacht». Wo sich in seiner Logik ein Fehler eingeschlichen hat, kann oft nur das laute «Vordenken» offenbaren. Und nur Rechenmängel, die auch bekannt sind, kann man abstellen.

Herzlichen Dank fürs Mitmachen und viel Spaß beim Knobeln!

Aufgaben

1. Zahlendiktat: Schreiben Sie in Ziffern:

a) dreiundzwanzig
b) siebenhundertfünfzig
c) siebenhundertfünfzigtausend
d) neuntausendzweihundertachtzig
e) zweihundertsechsundvierzigtausendfünfhundertdreißig

2. Zwischen welchen Zehnern liegen die folgenden Zahlen?

a) 17 liegt zwischen....... und......
b) 43 liegt zwischen....... und......
c) 86 liegt zwischen....... und......

3. Größenabschätzung:
Welche der folgenden Zahlen ist größer?

a) 17 oder 19?
b) 28 oder 36?
c) 0,17 oder 0,3?

d) $\dfrac{1}{16}$ oder $\dfrac{3}{4}$?

4. Zeichnen Sie einen Zahlenstrahl, und tragen Sie bitte folgende Zahlen auf diesem Zahlenstrahl ein:

1; $\dfrac{1}{2}$; $\dfrac{3}{4}$; $2{,}5$; $0{,}25$

5. Addition

Bitte im Kopf rechnen:

a) $44 + 12 =$
b) $38 + 25 =$

Bitte schriftlich rechnen:

c) $176 + 223 =$
d) $327 + 465 =$
e) $268 + 91 =$

6. Subtraktion

Bitte im Kopf rechnen:

a) $46 - 23 =$
b) $65 - 38 =$

Bitte schriftlich rechnen:

c) $296 - 183 =$
d) $345 - 258 =$
e) $456 - 87 =$

7. Multiplikation

Bitte im Kopf rechnen:

a) $6 \cdot 4 =$
b) $6 \cdot 13 =$

Bitte schriftlich rechnen:

c) $12 \cdot 23 =$
d) $84 \cdot 98 =$
e) $18 \cdot 30 =$
f) $27 \cdot 0 =$

8. Division

Bitte im Kopf rechnen:

a) $12 : 4 =$
b) $28 : 7 =$

Bitte schriftlich rechnen:

c) $168 : 7 =$
d) $288 : 24 =$
e) $13 : 0 =$
f) $4535 : 5 =$
g) $7208 : 8 =$

9. Bruchrechnen

a) $\frac{3}{4} + \frac{1}{2} =$

b) $\frac{6}{4} - \frac{6}{8} =$

c) $1\frac{1}{3} - 2\frac{3}{5} =$

d) $\frac{2}{3} \cdot \frac{3}{8} =$

e) $\frac{1}{4} : \frac{1}{2} =$

f) $2\frac{1}{3} : 3\frac{3}{4} =$

10. Prozentrechnen

a) 25 % von 1200 =

b) 12 % von 250 =

c) 115 % entsprechen 1000. Wieviel sind dann 100 %?

11. Dimensionierte Größen

a) 27 cm + 380 mm − 3 dm + 2,7 m = x cm

b) 3 cm = x mm

c) 10 dm = x cm

12. Gleichungen mit einer Unbekannten:

a) $3x + 2 = 14$

b) $15 - 3x = 6$

c) $\frac{1}{4} - \frac{1}{8}x = -\frac{3}{4}$

d) $\frac{33 - 5x}{3} = -2x$

13. Sachaufgaben

a) Für die Fertigung von 60 Bolzen sind 3600 mm Rundstahl erforderlich. Welche Rundstahllänge wird für 28 Bolzen benötigt?

b) Welche Zahl muß man durch 5 teilen, um ein Drittel von 21 zu erhalten?

c) Eine Konservendose hat einen lichten Durchmesser von 100 mm. Sie soll so abgeschnitten werden, daß sie einen halben Liter Öl aufnehmen kann. Welche Höhe muß sie dann haben?

d) Ein Fahrrad kostet inklusive 15 % Mehrwertsteuer 414 DM. Wie hoch ist der Nettopreis?

Erläuterung der Aufgabenstellung

• Die Aufgaben 1–4 sind elementarer Art. Im Zahlendiktat wird geprüft, ob den Testpersonen der Unterschied von Ziffer und Zahl geläufig ist. In Aufgabe 2, 3 und 4 sind Größenabschätzungen verlangt. Sie geben darüber Auskunft, ob der Schüler den Zahlenraum strukturiert denken kann, also etwa nach aufsteigenden Zehnerbündeln geordnet, oder ob für ihn jede Zahl erst durch Abzählen von 1 aufwärts quasi erzeugt werden muß. Zugleich erfragen die Abschätzungsaufgaben, ob das Verhältnis von Zahlen, Bruch- und Dezimalzahlen begriffen ist. Daß 0,17 etwa größer als 0,3 ist (Aufgabe 3.a), wird nicht selten behauptet.

• Die Aufgaben 5–7 ermitteln die Fertigkeiten in bezug auf die arithmetischen Grundrechenoperationen, sowohl im Kopf als auch schriftlich. Dabei sind die schriftlichen Aufgaben so konzipiert, daß verschiedene Schwierigkeitsgrade Berücksichtigung finden: Rechnungen ohne und mit Zehnerübergang, Aufgaben mit ungleichstelligen Zahlen, die Leerstellen nach sich ziehen. Bei der Division richtet sich das Augenmerk auf Probleme mit der Zahl 0, die sich nach Teildivisionen ergibt oder bereits im Dividenden vorkommt.

• Aufgabe 9 checkt Kenntnisse der Bruchrechnung. Hier steht nicht nur die Beherrschung der Rechenoperationen auf dem Prüfstand. Das Verhältnis von Teil und Ganzem macht häufig Schwierigkeiten, der Unterschied zwischen einer Division und einem Bruch ist manchen Schülern auch nicht ansatzweise bekannt. Das Erweitern und Kürzen, das Aufsuchen von kleinsten gemeinsamen Vielfachen zur Bildung des Hauptnenners oder die Ermittlung von größten gemeinsamen Teilern ist vielen Lernenden ein Problem.

• Das Prozentrechnen in Aufgabe 10 gehört zu den großen Schwachpunkten. Größenabschätzungen in wechselnden Verhältnissen müssen beherrscht sein, sind es aber nicht. Der Begriff von erweiterter und verminderter Hauptsumme macht Schwierigkeiten und läßt Schüler selbst an einfachen Aufgaben scheitern.

• Qualität und Quantität müssen geschieden und ebenso in Beziehung gesetzt werden. Aufgabe 11 überprüft das diesbezügliche Verständnis mit der Aufforderung, unterschiedliche Einheiten auf eine gemeinsame Einheit zurückzuführen, um Rechenoperationen durchführbar zu machen.

• Aufgabe 12 stellt darauf ab, Kenntnisse des Lernenden über den Begriff des Terms, der Variablen und der Identität zu ermitteln. Denn bereits in diesem Vorfeld liegen häufig die Lernhürden, an denen sich viele Schüler falsch abarbeiten. Die Ergebnisse dieser falschen Befassung machen sich dann auch in falschen Umformungen der Gleichungen geltend, wie wir bereits gesehen haben.

• Sachaufgaben wie die in Aufgabe 13 bereiten auch solchen Schülern Kopfschmerzen, die über die darin eingekleideten mathematischen Inhalte verfügen. Es mangelt häufig an der Fähigkeit, aus dem konkreten Sachverhalt das Verhältnis abstrakter Quantitäten zu erschließen, das erst einer mathematischen Behandlung zugänglich ist. Bei komplexeren Aufgabenstellungen wie etwa in 13.c versagt mitunter das Unterscheidungsvermögen hinsichtlich der Frage, was die *gegebenen* und was die *gesuchten* Größen sind. Zudem offenbart sich bei Aufgaben dieses Typs, die unter Zuhilfenahme geometrischer Formeln zu lösen sind, daß Schüler ein merkwürdig verkehrtes Verhältnis zu solchen formelhaft zusammengefaßten mathematischen Gleichungen entwickeln. Beispiele haben wir bereits im Unterkapitel 4.8 des Abschnitts A kennengelernt.

Mit Hilfe eines solchen Rechentests läßt sich das Spektrum mathematischer Fähigkeiten systematisch abfragen, wie es dem genannten Niveau entspricht. Dennoch, die Grenzen eines solchen Verfahrens sind offenkundig. Nicht jedes falsche Ergebnis muß gleich für eine falsche Denkstrategie stehen. Flüchtigkeit und Konzentrationsmängel tun durchaus bei einigen Fehlleistungen ihr Werk. Und im Gegenzug gilt: Nicht jedes richtige Ergebnis zeugt von klarem mathematischem Denken, weil auch verkehrte subjektive Algorithmen richtige Resultate erzeugen können. Daher muß der Rechentest unbedingt um eine Befragung ergänzt werden.

Anmerkungen

1 Siehe hierzu von Schwerin 1993: «Rechenschwache Schüler denken. Darin liegt kein Unterschied zu erfolgreichen Schülern. Also läßt sich die Frage nach der Art ihres Denkens, ihrer Regelerstellung stellen, um durch die Ermittlung dieser subjektiven Algorithmen Aufschluß zu gewinnen über:
   - Wie funktioniert der jeweilige kindliche Verstand im Umgang mit seinen bemerkten, aber nicht gewußten Defiziten?
   - Welches Gebiet der Grundschulmathematik wurde wie, d. h. mit welchen Schemata, Eselsbrücken, vermeintlichen Plausibilitäten, mit dem eigenen Anspruch auf ‹Zwangsläufigkeit› auf die Reihe gebracht?» (7)

2 Das Wort Algorithmus ist vom Namen eines arabischen Mathematikers, Al Chwarismi, abgeleitet. Es bezeichnet in der Mathematik einen Rechenvorgang, der sich in zyklisch wiederkehrenden Operationen vollzieht.
   Radatz kommt bezüglich der Rechenverfahren bei schlechten Mathematikschülern zu ähnlichen Ergebnissen: «So wird Mathematik von Schülern häufig als eine Art abstraktes Regelwerk angesehen, zu dem man ein individuelles Verständnis konstruiert und bei dem man mit Symbolen manipuliert, Regeln und ‹Tricks› kennen muß, diese notfalls entwickelt, ohne daß dabei Handlungserfahrungen und anschauliche Darstellungen integriert werden.» (Radatz 1991, 85)
   In dieselbe Richtung äußert sich der Autor zusammen mit Lorenz an anderer Stelle: «Eine Erklärung für Fehler ist, daß der Schüler bei auftretenden Schwierigkeiten, für deren Behebung er kein Verfahren zur Verfügung hat, auf ‹Reparaturhandlungen› zurückgreift, um Hürden im Rechenablauf zu überwinden. Hierbei handelt es sich um unzulässig verallgemeinerte Verfah-

ren, z. B. die kleinere von der größeren Zahl zu subtrahieren. Dieses Vertauschen der Ziffern in einer Spalte ist dem Schüler von der Addition her bekannt und dort erfolgreich verwendet worden.» (Lorenz/Radatz 1993, 27)

3 Beim Erlernen des Rechnens finden vielfältige geistige Operationen statt: «Um zu verstehen, warum Kinder nicht gut im Rechnen sind, ist es zunächst einmal wichtig zu untersuchen, wie sich dieser Lernprozeß normalerweise vollzieht. Rechnen ist Denken, das in seinen inneren mentalen Abläufen und seinen äußeren sprachlichen und schriftlichen Ausdrucksformen Prozesse der Wahrnehmung, Vorstellung, Motorik und Speicherung miteinander verbindet.» (Aster 1992, 155)

Im deutschsprachigen Raum haben besonders die Arbeiten von Lorenz gezeigt, daß bereits das Lernen im pränumerischen Bereich mit Mängeln behaftet sein kann, die sich auf alles Weitere auswirken. Hierzu vergleiche man insbesondere die Werke «Anschauung und Veranschaulichungsmittel im Mathematikunterricht» (Lorenz 1992), «Veranschaulichungsmittel im arithmetischen Anfangsunterricht» (Lorenz 1993) und «Rechenschwache Schüler in der Grundschule» (Lorenz 1991).

Dabei hat sich gezeigt, daß Kinder oft bereits im Vorfeld des eigentlichen Umgangs mit Zahlen Schwierigkeiten haben. Einigen mißlingt etwa die *Wahrnehmung* wohlunterschiedener Objekte mit einem bestimmten Merkmal in einem größeren Verbund von Dingen: «Der Schüler muß, will er den Zeichnungen Sinn entnehmen, auch hier über die Fähigkeit der *Figur-Grund-Diskrimination* verfügen (...) Versteckte, eingebettete Objekte vermag das Kind sonst nicht zu erkennen und zu isolieren, (...) da sie optisch nicht aus dem Kontext heraustreten. Diese Fähigkeit ist aber notwendig, bevor die Schüler ungeordneten Mengen von Zahlen und Ikonen eine Ordnung, eine Struktur aufprägen können.»

Selbstverständlich kann ein Kind die beim Zählen gestellte Frage nach dem «Wieviel» nicht beantworten, wenn das «Wovon» unklar ist.

Des weiteren ist die Funktion des *Gedächtnisses* von Bedeutung, nicht erst bei umfangreichen Zählvorgängen. Im Anfangsunterricht arbeiten Kinder zunächst mit wirklichen Gegenständen, die bald, zumal in Schulbüchern, einer bildlichen Darstellung weichen und am Ende mit bloßen Symbolen bezeichnet werden. Das geistige Operieren mit materiell nicht präsenten Objekten benutzt deren Abbild. Außer der Handlung selbst, die an solchen Gegenständen vorzunehmen ist (vereinigen, trennen etc.), muß das Kind nun zusätzlich das Bild als Vorstellung im Kopf aufbewahren. Diese Aufgabe wächst mit Umfang und Komplexität der Gegenstände und scheitert manchmal: «Bei Katja war die Schwierigkeit ihrer Gedächtnisleistung deutlich. Während ihr das Abzeichnen eines sinnentleerten Bildes noch gelang, wenn das Bild unmittelbar neben ihrem Zeichenblatt lag, führte eine Vergrößerung des Abstandes zu Oben-Unten- und Rechts-Links-Vertauschungen (...). Es handelte sich um eine Schwierigkeit der Entfernung zwischen Original und Kopie, die daraus resultiert, daß der räumliche Abstand eine zeitliche Verzögerung braucht, die nur durch ein internes Abbild überbrückt werden kann. Diese Überbrückung gelang Katja nicht. Die Auswirkungen ihrer verzerrten Reproduktionen veranschaulichter Bilder auf ihre Leistungen im Mathematikunterricht sind naheliegend.» (Lorenz 1992, 89)

Beim eigentlichen Zählen kann sich eine mangelhafte Gedächtnisleistung abermals negativ bemerkbar machen: «Manche Kinder haben Schwierigkeiten mit dem Gedächtnis. Sie wissen beim Zählen nicht, welches Zahlwort als nächstes drankommt, obgleich sie die Zahlreihe insgesamt abzählend beherrschen.» (Milz 1993, 56)

4   Beispiele aus der Übungspraxis mit Kindern finden sich bei Schwerin 1993 sowie Schöninger 1991.

5   Es handelt sich hier nicht um einen Einzelfall. Untersuchungen von Radatz kommen zu einem ähnlichen Befund: «Für diese Schüler ist (...) eine mathematische Gleichung eine Art Geheimcode, in dem man kontextfrei nach bestimmten Regeln manipulieren kann. (...) So wird Mathematik von Schülern häufig als

eine Art abstraktes Regelwerk angesehen, zu dem man ein individuelles Verständnis konstruiert und bei dem man mit Symbolen manipuliert, Regeln und ‹Tricks› kennen muß – diese notfalls selber entwickelt –, ohne daß dabei die Handlungserfahrungen und anschaulichen Darstellungen integriert werden.» (Radatz 1991, 85)

6 Wo die Bildung für eine solche Auslese funktionalisiert wird, nehmen auch die *Inhalte* des Unterrichts einen merkwürdigen Charakter an. Von den naturwissenschaftlichen Disziplinen abgesehen, stellt der Fächerkanon von der Gemeinschaftskunde über das Fach Deutsch bis hin zu Geschichte und Religion mehr einen Gesinnungskodex für loyale Staatsbürger denn objektives Wissen über Marktwirtschaft, Demokratie und ihre hohen Werte dar. Eine ausführliche Darlegung hierzu findet sich in Huisken 1992.

7 Nebenbei leistet der Schulenstreit der Didaktik noch einen Beitrag zur ideologischen Erklärung verbreiteter Mathematikdefizite bei Schülern.

Wissensdefizite, die sich als notwendige Folge des schulischen Bildungsauftrags einstellen, werden im Schulenstreit der Mathematikdidaktik fälschlicherweise auf verfehlte Unterrichtsmethoden zurückgeführt. Da betonen die einen, der Unterricht sei mit seiner Praxisorientierung mehr eine Praxisbornierung und schneide den Lernenden so den Zugang zu profunden wissenschaftlichen Kenntnissen auf dem Gebiet der Mathematik ab, so daß sich am Ende die Wissenslücken häufen. Andere halten dagegen, daß die Beherzigung wissenschaftlicher Standards zu einer negativen Verwissenschaftlichung des Unterrichts führe, die den Schüler nicht nur überfordere, sondern ihm mangels Praxisbezug auch noch jegliche Motivation nehme.

Die Idee, die Gediegenheit der mathematischen Bildung durch adäquate und schülergerechte Methoden zu garantieren, hat zahlreiche weitere didaktische Schulen hervorgebracht. Neben den genannten Abteilungen hat sich hier insbesondere Piaget einen Namen gemacht. Nach seiner Auffassung folgt die geistige

Entwicklung des Kindes einem mehrstufigen Schema, dem sich die unterrichtliche Präsentation des mathematischen Stoffes zu akkommodieren hat.

Selbstverständlich ist nicht in Abrede zu stellen, daß man für die Darbietung eines mathematischen Stoffs geeignete und weniger geeignete Wege beschreiten kann. Ebenso unbestritten ist die Tatsache, daß sich manche Verständnisschwierigkeit von Lernenden aus solchen Umständen ergeben kann. Aber die Zurückführung der so dauerhaft und systematisch auftretenden Mathematikdefizite in der Schule auf eine angeblich verkehrte Methodenwahl geht dennoch an der Sache vorbei. Immerhin erlassen die Bildungsbehörden einen Auftrag zur *Selektion*. Und dieser Standpunkt zielt eben gar nicht darauf, *allen* das gesamte Wissen verfügbar zu machen, sondern Bildung als dosierten Ausschluß von Wissen zu betreiben. Damit aber stehen auch Wissensmängel im Rang eines *bezweckten Resultats* und sind nicht als ein durch korrekte Wahl der didaktischen Mittel *vermeidbarer Betriebsunfall* anzusehen.

8   Dieser Begriff findet durchweg Verwendung in den Arbeiten von Grissemann/Weber 1982 und 1990.

9   Außer dieser ersten Definition finden sich bei Grissemann/Weber drei weitere: «Die zweite Definition lautet: ‹Dyskalkulie als partielles Underachievement auf jeder Intelligenzstufe› (Grissemann/Weber 1982, 14). (...) Die dritte Umschreibung der Dyskalkulie wird verstanden als ‹akzentuiertes Rechenversagen im Schulleistungsbereich› (Grissemann/Weber 1982, 14). (...) Die vierte Definition endlich umschreibt Dyskalkulie als ‹Rechenversagen im Rahmen eines *allgemeinen* Underachievement› und besagt, daß die schwachen Rechenleistungen zusammen mit schwachen Leistungen in anderen Leistungsbereichen vorkommen und dem – im Vergleich zu den schwachen Leistungen – hohen Stand der Begabung widersprechen.» (Lobeck 1992, 81) Die dritte Definition haben wir bereits unter Punkt 1.1 in Abschnitt C abgehandelt. Die zweite und vierte teilen das Prinzip der von uns erörterten zentralen ersten Definition. Die Modifi-

kationen liegen nur in folgendem. Die Ausgangsdefinition unterstellt eine arithmetische Minderleistung bei durchschnittlicher Intelligenz und sonst guten Schulleistungen. Definition zwei läßt die Annahme einer Durchschnittsintelligenz fallen und mißt die rechnerische Minderleistung an den durch diese Intelligenzstufe definierten relativ zur Durchschnittsintelligenz geringeren, im Vergleich zur Rechenleistung aber höheren Leistungen. Es handelt sich also um ein *isoliertes* Rechenversagen. Die letzte Definition schließlich läßt diese Einschränkung auch noch fallen: geminderte Rechenleistung tritt hier gemeinsam mit schlechteren Leistungen in anderen Schulfächern auf.
Wir geben hier die Logik der Definition nur wieder, ohne sie zu teilen. Die darin eingehenden Unterstellungen über den Zusammenhang von Intelligenz und Leistung nehmen Bezug auf Ergebnisse der pädagogischen Psychologie, sind aber nicht weniger verkehrt als diese. Die Fehler dieser Annahmen erörtern wir in Punkt 1.3, Abschnitt C. Da sie in allen genannten Definitionen – mit Ausnahme der schon abgehandelten dritten – identisch sind, beschränken wir uns auf die zentrale erste Fassung.

10 Pädagogische Psychologen deuten die Schulhierarchie als Abbild einer menschlichen Intelligenzhierarchie. Gesellschaftlich erzeugte Unterschiede und Gegensätze werden damit als Ausdruck der Menschennatur legitimiert. Andererseits nehmen Intelligenztheoretiker auch ein kritisches Verhältnis zur Schule ein. Sie hegen nämlich Zweifel, ob die Schule die von der Theorie propagierten Intelligenzunterschiede richtig zum Vorschein bringt. Der affirmative Standpunkt wird also nicht verlassen, sondern bekräftigt. Die Schule *soll* als eine Institution nicht nur gedacht, sondern auch tätig werden, welche die unterschiedlichen Geistesgaben der Menschen *naturgetreu* zur Geltung bringt. Insofern versteht sich, daß die Erhebung der Intelligenz mit Hilfe von Tests sich einerseits von Schulleistung und Note als Maßstab trennt. Da aber Intelligenz und Schulleistung idealiter zusammenfallen sollen, ist ebenso einsichtig, warum schulische Noten auch als harter Kern der Intelligenzmessung anerkannt sind: «Die Diagnostik der Intelligenz gründet in der An-

nahme, daß ein bestimmtes Ensemble von Fähigkeiten, über das ein Individuum verfügt, beim Lösen von Testaufgaben wirksam wird. Auf die zu behandelnde Thematik hin konkretisiert, bedeutet ‹Intelligenz› das Vorliegen von Fähigkeiten, die zu guten Schulleistungen führen. Binet, der die modernen, testbezogenen Modelle der Intelligenz in die Psychologie einführte, war in seinem Vorgehen stark empirisch orientiert; mentale Aktivitäten, die offensichtlich eine positive Wirkung auf den Schulerfolg ausübten, wurden über ein empirisches Relativ geprüft, und diejenigen, die tatsächlich zwischen erfolgreichen und weniger erfolgreichen Schülern zu unterscheiden erlaubten, in die Binetsche Testbatterie integriert.» (Cropley 1988, 66 f)

War zunächst der Intelligenztest als Kontrollorgan der Schule konzipiert, so ist nun die Schule und ihre Erfolgsskala Maßstab und Korrektiv des Intelligenztests.

11 Das Kürzel MCD geht auf den englischen Begriff der «minimal cerebral dysfunction» zurück und hat sich in der deutschsprachigen Literatur erhalten.

12 Man erinnert sich: Arithmasthenie kombiniert zwei griechische Wörter zu einem Begriff, der übersetzt «Zahlenkrankheit» heißt.

13 Nur nebenbei sei hier erwähnt, daß Psychologen ihren in den Kategorien Intelligenz und Entwicklung so unverdächtig klingenden Determinismus nicht nur auf die geistige, sondern auch auf die praktische Betätigung des Menschen beziehen. Wer geneigt ist, Rechen- und andere Fehler für eine Funktionsstörung zu halten, verfährt bei Schulschwänzen und Alkoholkonsum nicht anders. Folgende «Verknüpfung der Lese-Rechtschreib-Schwäche mit Störungen des Sozialverhaltens» (Steinhausen 1992, 6) haben Neuropsychologen entdeckt: «Die Summe dissozialer Symptome bestand aus den Punktwerten folgender Einzelsymptome: Disziplinstörungen in der Schule, Schulschwänzen, Lügen, Stehlen, Ärger mit der Polizei, gerichtlich

bestrafte Delinquenz, Weglaufen, Nikotin-, Alkohol- und Drogenabusus, Tätowierung, Zerstörung fremden Eigentums, Körperverletzung und Arbeitsverweigerung.» (Esser 1992, 193 f)

Es wird schon so sein, daß die «Verlierer» der großen Bildungsanstrengung namens Schule ihre damit besiegelte Chancenlosigkeit für den Rest des Lebens zum Anlaß nehmen, auf Weglaufen, Alkohol und Tätowierungen zu setzen. Aber was hat das mit einer Funktionsstörung zu tun? Gestört sind da bestenfalls die öffentliche Ordnung, die guten Sitten und die Moral von Neuropsychologen.

14   Eingekleidete Aufgaben umfassen Text- und Sachaufgaben. Dabei meint der Begriff Textaufgabe, daß die Aufforderung zu einer bloßen Zahlenoperation in Worte gefaßt ist, etwa «Ermittle die Quersumme der Zahl 17.» Im Unterschied dazu formuliert der zweite Aufgabentyp sachliche Problemstellungen, aus denen erst eine zur Lösung führende Zahlenoperation zu erschließen ist. Trotz des Unterschieds werden die beiden Begriffe häufig wie Synonyme gebraucht. Sofern Mißverständnisse ausgeschlossen sind, halten wir es ebenso.

Literaturverzeichnis

Aebli, H.: Über die geistige Entwicklung des Kindes. Stuttgart 1971 a

Aebli, H.: Die geistige Entwicklung als Funktion von Anlage, Reifung, Umwelt- und Erziehungsbedingungen, in: Roth, H. (Hg.): Begabung und Lernen. Stuttgart 1971 b

Aebli, H.: Denken: Das Ordnen des Tuns (Bd. 1). Stuttgart 1980

Aebli, H.: Denken: Das Ordnen des Tuns (Bd. 2). Stuttgart 1981

Aebli-Jomini, A.-M.: Das Problem der Rechenschwäche bei normal intelligenten Volksschülern. Zürich 1979

Arnold, W. u. a. (Hg.): Lexikon der Psychologie, Band 2. Freiburg, Basel, Wien 1971

Aster, M. G. von: Neuropsychologie der Dyskalkulie, in: Steinhausen, H.-Ch. (Hg.): Hirnfunktionsstörungen und Teilleistungsschwächen. Heidelberg 1992

Atzesberger, M.: Legasthenie und Dyskalkulie. Lese-Rechtschreib- und Rechenschwäche. Schriftenreihe der Bundesarbeitsgemeinschaft Hilfe für Behinderte, Band 227. Düsseldorf 1989, 6. Auflage

Bauer, L.: Der Mathematikunterricht in der Hauptschule – Versuch einer Standortbestimmung, in: Bauer, L. u. a. (Hg.): Mathematik in der Hauptschule. Donauwörth 1978

Beck, J.: Lernen in der Klassenschule. Reinbek 1974

Berger, E. (Hg.): Teilleistungsschwächen bei Kindern. Bern 1977

Betz, D., Breuninger, H.: Teufelskreis Lernstörungen. Weinheim 1987

Bigalke, H.-G., Hasemann, K.: Zur Didaktik der Mathematik in den Klassen 5 und 6, Band 1. Frankfurt/M. 1977

Bigalke, H.-G., Hasemann, K.: Zur Didaktik der Mathematik in den Klassen 5 und 6, Band 2. Frankfurt/M. 1978

Clements, S. D.: Minimal brain dysfunction in children. Washington D. C. 1966

Cropley, A., McLeod, J., Dehn, D.: Begabung und Begabungsförderung. Heidelberg 1988

Deutsche Lehrerzeitung 8/1993: Rechenschwäche, 4. Februarausgabe

Dorsch, F. u. a. (Hg.): Psychologisches Wörterbuch. Bern, Stuttgart, Toronto 1987

Esser, G./Schmidt, M.: Der langfristige Verlauf von Teilleistungsschwächen, in: Steinhausen, H.-Ch. (Hg.): Hirnfunktionsstörungen und Teilleistungsschwächen. Berlin 1992

Geller, W.: Über Lokalisationsfragen bei Rechenstörungen. o. O. 1952

Gerster, H. D.: Schülerfehler bei schriftlichen Rechenverfahren – Diagnose und Therapie. Freiburg 1982

Gerster, H. D., Grevsmühl, U.: Diagnose individueller Schülerfehler beim Rechnen mit Brüchen. In: Päd. Welt 11/1983

Glatfeld, M. (Hg.): Anwendungsprobleme im Mathematikunterricht der Sekundarstufe I. Braunschweig 1983

Graichen, J.: Teilleistungsschwächen dargestellt an Beispielen aus dem Bereich der Sprachbenutzung. Zeitschrift für Kinder- und Jugendpsychiatrie 1. 1973

Grissemann, H., Weber, A.: Spezielle Rechenstörungen. Bern 1982

Grissemann, H., Weber, A.: Grundlagen und Praxis der Dyskalkulietherapie. Bern 1990, überarbeitete Neuauflage

Handbuch des Bremischen Schulrechts. Bremen 1980 (4. Auflage)

Hegel, G. W. F.: Enzyklopädie der philosophischen Wissenschaften, Band 1, Werke Band 8. Frankfurt/M. 1970

Hehlmann, W.: Wörterbuch der Pädagogik. Stuttgart 1964

Huisken, F.: Die Wissenschaft von der Erziehung. Hamburg 1991

Huisken, F.: Weder für die Schule, noch fürs Leben. Hamburg 1992

IML (Institut für Mathematisches Lernen): Dyskalkulie (Rechenschwäche) ist kein Schicksal. Sonderdruck aus Schulpraxis 4/1988

IML (Institut für Mathematisches Lernen): Ratgeber für den Umgang mit Schwierigkeiten in Rechnen und Mathematik. Essen 1991, 7. Auflage

Johnson, D. J., Myklebust, H. R.: Lernschwächen. Ihre Formen und ihre Behandlungen. Stuttgart 1971

Klauer, K. J.: In Mathematik mehr leistungsschwache Mädchen, im Lesen und Rechtschreiben mehr leistungsschwache Jungen? Zur Diagnostik von Teilleistungsschwächen. Aachen 1992, unveröffentlichter Forschungsbericht der Stiftung «Lehren und Lernen»

Kretschmann, R.: MCD und Teilleistungsschwäche, in: BLZ, GEW Bremen, 11/1993

Kurth, I.: Wickie und der dänische Zoll. Arbeiten mit Anteilen und Prozenten. Appelhülsen/Mühlheim 1990

Kurth, I.: Einstieg in die Bruchrechnung (2). Der Bremer Stapelzoll. Bremen 1993

Kurth, I., Vernay, R.: Einstieg in die Bruchrechnung (1). Gerechtes Teilen. Bremen 1993

Lempp, R.: Frühkindliche Hirnschädigung und Neurose. Bern 1964

Lempp, R.: Teilleistungsstörungen im Kindesalter. Bern 1979

Leutenbauer, H.: Das praktische Handbuch für den Mathematikunterricht in der Hauptschule. Donauwörth 1981

Lobeck, A.: Rechenschwäche. Geschichtlicher Rückblick, Theorie und Therapie. Luzern 1992

Lorenz, J. H.: Lernschwierigkeiten und Einzelfallhilfe. Göttingen 1987 a

Lorenz, J. H.: Zur Methodologie der Fehleranalyse in der mathematik-didaktischen Forschung. Journal für Mathematik-Didaktik 8, 1987 b

Lorenz, J. H.: Teilleistungsschwächen, in: Lorenz, J. H. (Hg.): Untersuchungen zum Mathematikunterricht IDM 10, Lernschwierigkeiten: Forschung und Praxis. Köln 1990

Lorenz, J. H.: Rechenschwache Schüler in der Grundschule. Erklärungsversuche und Förderstrategien. Jahrbuch für Mathematik-Didaktik 12/1991

Lorenz, J. H.: Anschauung und Veranschaulichungsmittel im Mathematikunterricht. Göttingen 1992

Lorenz, J. H.: Veranschaulichungsmittel im arithmetischen Anfangsunterricht, in: Lorenz, J. H. (Hg.): Untersuchungen zum Mathematikunterricht IDM 18, Mathematik und Anschauung. Köln 1993

Lorenz, J. H., Radatz, H.: Handbuch des Förderns im Mathematikunterricht. Hannover 1993

Luria, A. R.: Die höheren kortikalen Funktionen des Menschen und ihre Störungen bei örtlichen Hirnschädigungen. Berlin (Ost) 1980

Marx, K., Engels, F.: Die deutsche Ideologie, MEW 3. Berlin 1973

Milz, I.: Rechenschwäche erkennen und behandeln. Dortmund 1993

Nissen, G.: Medizinische Aspekte der Lernbehinderung, in Handbuch der Sonderpädagogik, Band 4. Berlin 1977

Radatz, H.: Fehleranalysen im Mathematikunterricht. Braunschweig 1980

Radatz, H.: Untersuchungen zu Lösungen eingekleideter Aufgaben. Journal für Mathematikdidaktik 3/1983

Radatz, H.: Schwierigkeiten der Anwendung arithmetischen

Wissens am Beispiel des Sachrechnens, in: Lorenz, J. H. (Hg.): Untersuchungen zum Mathematikunterricht IDM 10, Lernschwierigkeiten: Forschung und Praxis. Köln 1990

Radatz, H.: Was können sich Schüler unter Rechenoperationen vorstellen? In: Mathematische Unterrichtspraxis 1990/1

Radatz, H.: Zu Lernschwierigkeiten im Mathematik-Unterricht. In: ZS Die Unterstufe 1991/2

Radatz, H.: Einige Beobachtungen bei rechenschwachen Grundschülern. In: Lorenz, J. H. (Hg.): Störungen beim Mathematiklernen. Köln 1991

Radatz, H.: Ein paar Informationen und Anregungen zum Thema «Lernschwierigkeiten im Mathematikunterricht der Grundschule/Primarstufe». Informationsblatt zu einem Vortrag am 5.2.1992 im WIS zu Bremen. Bremen 1992

Radatz, H.: Anmerkungen zu Anschauung und Verständnis im Arithmetikunterricht, in: Lorenz, J. H. (Hg.): Untersuchungen zum Mathematikunterricht IDM 18, Mathematik und Anschauung. Köln 1993

Radatz, H., Schipper, W.: Handbuch für den Mathematikunterricht an Grundschulen. Hannover 1983

Randow, G. von: Unverstandene Zahlenwelt. In: Die Zeit, 7.2.1992

Ranschburg, P.: Pathopsychologie der Störungen des Lesens, Schreibens und Rechnens im Schulkindalter, o. O. 1925

Röhrig, R.: Dyskalkulie/Rechenschwäche, Band 1; Mathematikdefizite bei rechenschwachen Auszubildenden. Fehlertypen und Ursachen. Bremen 1994 a

Röhrig, R.: Dyskalkulie/Rechenschwäche, Band 2; Mathematikdefizite bei rechenschwachen Auszubildenden. Diagnostik und Gegenstrategien. Praktische Handreichungen für Ausbilder. Bremen 1994 b

Rolff, H.-G.: Sozialisation und Auslese durch die Schule. Heidelberg 1976

Roth, H.: Begabung und Lernen. Stuttgart 1971 (6. Auflage)

Rub, R.: Typische Schülerfehler kennen – ihnen rechtzeitig entgegenwirken. Mathematik in der Schule 27, 1989

Sacher, W.: Praxis der Notengebung. Bad Heilbrunn 1984

Schelsky, H.: Anpassung und Widerstand. Heidelberg 1961

Schelsky, H.: Schule und Erziehung in der industriellen Gesellschaft. Würzburg 1965

Schöninger, J.: Die Arithmasthenie (Rechenschwäche) – ein unbekanntes Problem. Auch wenn sie vielen bekannt ist. Sonderdruck aus: Zentralblatt für Didaktik der Mathematik (ZDM), Heft 3/1989, Juni 1989

Schöninger, J.: Arithmastheniediagnose in der Beratungspraxis, in: Lorenz, J. H. (Hg.): Störungen beim Mathematiklernen. Köln 1991

Schwerin, A. von: Fehlertypen und ihre Charakteristika. Grundschulmagazin März 1993

Schwerin, A. von: Wo ein Wille ist, ist nicht immer ein Weg. In: Süddeutsche Zeitung, 20.2.1992

Sommer, N., Viet, U.: Leistungsdifferenzierung im Mathematikunterricht der Sekundarstufe I. Köln 1981

Steinhausen, H.-Ch. (Hg.): Hirnfunktionsstörungen und Teilleistungsschwächen. Berlin, Heidelberg, New York 1992

Steinhausen, H.-Ch.: Einleitende Anmerkungen zum Konzept von Hirnfunktionsstörungen und Teilleistungsschwächen, in: Steinhausen, H.-Ch. (Hg.): Hirnfunktionsstörungen und Teilleistungsschwächen. Berlin, Heidelberg, New York 1992

Viet, U.: Mathematikunterricht. Basel 1982

Weinschenk, C.: Rechenstörungen. Ihre Diagnostik und Therapie. Berlin 1970

Weiser, G.: Der Mathematikunterricht in der Hauptschule. Donauwörth 1975

Yaroshchuk, V. L.: Denken und Sprechen. Frankfurt/M. 1969

Schulbücher

Westermann Mathematik für differenzierenden Unterricht, Neubearbeitung, 6. Schuljahr. Nordmeier, G. (Hg.). Braunschweig 1976

Westermann Mathematik Orientierungsstufe 6. Braunschweig 1985

Wir lernen Mathematik. Neunzig, W. (Hg.). Freiburg i. B. 1973

Cornelsen/Schwann Zahlen und Größen. Koullen, R. u. a. (Hg.). Düsseldorf 1991

Tips und Adressen für Ratsuchende

Mit dem vorliegenden Buch halten Schüler, Eltern und Lehrer einen Ratgeber in Händen, der Auskunft geben kann, wenn sich Mathematikmängel auffällig häufen. Er
- bietet einen Überblick über charakteristische Fehlertypen,
- erklärt die dahinterliegenden falschen Denkstrategien,
- geht den Ursachen nach,
- schärft die Aufmerksamkeit beim Erkennen von Rechendefiziten,
- bietet Lösungen in Gestalt von Arbeits- und Übungsmaterialien an.

Selbstverständlich werden manche Fragen offenbleiben. Lehrer sind durch ihren Schulalltag stark gefordert, und nicht alle Eltern sind Sachkenner auf dem Feld der Mathematik, die Schülern bisweilen große Schwierigkeiten bereitet.

Ratsuchende können sich an öffentliche Beratungsstellen wenden, die in zahlreichen Großstädten existieren.

Auch die Betroffenen selbst bieten ihren Rat in Vereinen an, wie etwa die folgende Elterninitiative in Nürtingen:

Initiative zur Förderung rechenschwacher Kinder e.V. (IFRK),
Ulrich-von Ensingen-Str. 1,
72622 Nürtingen,
Telefon: 0 70 22 / 5 30 64;
E-Mail: ewolf@t-online.de,
Internetadresse: http://home.t-online.de/home/ifrk.walter/
homepage.htm

Selbstverständlich steht auch der Autor dieses Buches für entsprechende Anfragen zur Verfügung:

Rolf Röhrig
Hamburger Str. 84
28205 Bremen
Telefon und Telefax: 04 21/44 72 64

Des weiteren sei darauf hingewiesen, daß in zahlreichen Städten und Gemeinden sogenannte Arithmasthenie/Dyskalkulie-Institute arbeiten. Sie bieten Ratsuchenden Hilfe in Form von

- Beratungen,
- Rechentests,
- Mathematik-Therapie.

Der folgende Überblick kann von Nutzen sein, auch wenn er vermutlich keinen Anspruch auf Vollständigkeit erheben kann.

Anschriften von Instituten für Rechenschwäche

Berlin / Halle / Leipzig / Magdeburg / Dresden

Zentrum zur Therapie der Rechenschwäche / Arithmasthenie
Dürerstr. 38, 12203 Berlin
Telefon: 0 30/8 32 80 17, Fax: 0 30/8 31 55 26

Reichardstr. 14, 06114 Halle
Telefon: 03 45/5 22 05 72, Fax: 03 45/5 22 05 73

Perthestr. 16, 04317 Leipzig
Telefon & Fax: 03 41/6 89 44 20

Arndtstr. 53, 39108 Magdeburg
Telefon: 03 91/7 33 24 24, Fax: 03 91/7 34 61 22
(Weitere Niederlassungen in Dresden, Naumburg, Halberstadt, Fürstenwalde, Oranienberg und Spreewald sind beim Institut in Berlin zu erfragen)

Bonn

Zentrum für Dyskalkulietherapie Bonn
Nordstr. 75, 53111 Bonn
Telefon: 02 28/9 76 66 00, Fax: 02 28/9 76 66 02
ZDB-Bonn@t-online.de

Bremen / Oldenburg

Zentrum zur Therapie der Rechenschwäche
Argonnenstr. 3, 28211 Bremen,
Telefon & Fax: 04 21/3 49 93 13
www.Rechenschwaeche-Bremen.de
ZTR@Rechenschwaeche-Bremen.de
Telefonsprechstunde: Mo. bis Do. 12.00 – 13.30 Uhr

Grünteweg 35, 26127 Oldenburg
Telefon: 04 41/3 04 60 54, Fax: 04 21/3 49 93 13
www.Rechenschwaeche-Oldenburg.de
ZTR@Rechenschwaeche-Bremen.de
Telefonsprechstunde: Mo. bis Do. 12.00 – 13.30 Uhr

Dortmund / Bochum

Mathematisches lerntherapeutisches Zentrum
(Therapie der Rechenschwäche / Dyskalkulie)
Münsterstraße 40 – 42, 44145 Dortmund
Telefon: 02 31/8 39 00 49, Fax: 02 31/8 39 02 49
www.mlz-dortmund.de
mlz-dortmund@t-online.de
Telefonsprechstunde: Mo. bis Fr. 12.00 – 14.00 Uhr

Widumestr. 6, 44787 Bochum
Telefon: 02 34/6 87 51 80, Fax: 02 34/6 87 51 81

Essen

Institut für mathematisches Lernen (IML),
Praxis und Zentrum für integrative
Entwicklungs- und Dyskalkulietherapie
Kennedyplatz 8, 45127 Essen,
Telefon: 02 01/22 79 36, Telefax: 02 01/22 80 10
www.Rechenschwaechetherapie-Essen.de
IML-Team@t-online.de
Telefonsprechstunde: Mo. bis Do. 13.00–14.00 Uhr
Diagnostik-Termine: vormittags 11.00 Uhr, bitte telefonisch
vereinbaren

Hamburg

Institut für mathematisches Lernen (IML),
Praxis für Dyskalkulie-Therapie
Grindelberg 45, 20144 Hamburg
Telefon: 0 40/4 22 42 21
Telefonsprechzeiten: Mo. bis Do. 12.00–14.00 Uhr

Hannover

Therapie-Zentrum Rechenschwäche/Dyskalkulie (TZR)
Bernstr. 10, 30175 Hannover
Telefon: 05 11/3 18 08 23, Fax: 05 11/3 36 49 88
Telefonsprechstunde und Testanmeldung:
Mo. bis Fr. 12.30–13.30 Uhr

Kassel

Zentrum für mathematisches Lernen
Wilhelmshöher Allee 191, 34121 Kassel
Telefon: 05 61/3 16 05 60
Telefonsprechstunde: Mo. bis Do. 12.30–13.30 Uhr

Köln

Lerntherapeutisches Zentrum ·
Rechenschwäche/Dyskalkulie Köln (LZR)
Hansaring 82, 50670 Köln
Telefon: 02 21/9 12 34 50, Fax: 02 21/9 12 34 52
LZR-Koeln@t-online.de

Mühldorf

*Therapie für Rechenschwäc*he
Auf der Wies 7 b, 84453 Mühldorf
Telefon: 0 86 31/16 49 58
Telefonsprechstunde: Mo. bis Do. 12.00–13.00 Uhr

München/Augsburg/Rosenheim/Mühldorf/Wien

Mathematisches Institut zur Behandlung der
Rechenschwäche/Arithmasthenie
Brienner Str. 48, 80333 München
Telefon: 0 89/5 23 31 42, Fax: 0 89/5 23 42 83
Peter-Henlein-Str. 2, 86199 Augsburg
Telefon: 0 89/5 23 31 42, Fax: 0 89/5 23 42 83

Stollstraße 10, 83022 Rosenheim
Telefon: 0 80 31/1 56 31

Konrad-Adenauer-Allee, Grundschule, 84453 Mühldorf
Telefon: 0 89/5 23 31 42, Fax: 0 89/5 23 42 83

Lerchenfelderstraße 125/13, A-1070 Wien
Telefon: 02 22/5 26 48 46, Fax: 02 22/5 26 48 47
(Vorwahl von Deutschland: 0 04 31)

Nürnberg / Bamberg / Erlangen

A-L-F Verein für angewandte Lernforschung e.V.
Beratung, Diagnose und Förderung bei
Lese-, Rechtschreib- und Rechenschwächen für
Schulkinder, Jugendliche und Erwachsene
Fürtherstr. 212, 90429 Nürnberg
Telefon: 09 11 / 2 46 12

Hainstr. 17, 96047 Bamberg
Telefon: 09 51 / 2 46 66

Südliche Stadtmauer Str. 2, 91054 Erlangen
Telefon: 0 91 31 / 20 44 88

Osnabrück / Diepholz / Herford

Osnabrücker Zentrum für mathematisches Lernen
(Rechenschwäche / Dyskalkulie)
Georgstr. 8, 49074 Osnabrück
Telefon & Fax: 05 41 / 2 05 22 42
www.os-rechenschwaeche.de
Telefonsprechstunde: Mo. bis Fr. 12.00 – 14.00 Uhr

Bahnhofstr. 7, 49356 Diepholz

Rennstr. 49 (Alter Markt), 32052 Herford

Reutlingen

Therapie-Zentrum für Rechenschwäche / Dyskalkulie
Untere Gerberstr. 15, 72764 Reutlingen
Telefon: 0 71 21 / 32 10 05
Telefonsprechstunde: Mo. bis Fr. 12.00 – 13.00 Uhr
(telefonische Voranmeldung erforderlich)

Stuttgart (Bad Cannstatt) / Karlsruhe / Tübingen / Kirchheim u. T. / Mannheim (Friedrichsfeld)

Institut zur Therapie der Rechenschwäche / Arithmasthenie
Schmidener Str. 17, 70372 Stuttgart (Bad Cannstatt)
Telefon: 0711/557590, Fax: 0711/557599
Telefonsprechstunde: Di. bis Fr. 12.00 bis 13.00 Uhr,
Mo. 18.00 bis 19.00 Uhr

Reinhold-Frank-Str. 46 b, 76133 Karlsruhe
Telefon: 0721/25260, Fax: 0721/2032840
Telefonsprechstunde: Di. bis Fr. 13.00 bis 14.00 Uhr,
Mo. 18.00 bis 19.00 Uhr

Bei den Pferdeställen 3, 72072 Tübingen
Telefon: 07071/360265, Fax: 07071/360262
Telefonsprechstunde: Di. bis Fr. 12.00 bis 13.00 Uhr,
Mo. 18.00 bis 19.00 Uhr

Alleenstr. 87, 73230 Kirchheim u.T.
Telefon: 07021/42294, Fax: 07021/978091
Telefonsprechstunde: Di. bis Fr. 12.00 bis 13.00 Uhr,
Mo. 18.00 bis 19.00 Uhr

Main-Neckar-Bahn-Str. 30, 68229 Mannheim (Friedrichsfeld)
Telefon: 0621/491578, Fax: 06 21/4962095
Telefonsprechstunde: Di. bis Fr. 12.00 bis 13.00 Uhr,
Mo. 18.00 bis 19.00 Uhr

Volxheim

Rechenschwächeinstitut Volxheim (RESI)
Kreuznacher Str. 22–24, 55546 Volxheim
Telefon: 06703/961000
www.Rechenschwaecheinstitut-Volxheim.de
fred.steeg@t-online.de
Telefonsprechstunde: Mo. bis Do. 12.00 bis 13.00 Uhr

Jan-Uwe Rogge, geboren 1947, ist verheiratet, hat einen Sohn und lebt in der Nähe von Hamburg. Er arbeitet freiberuflich als Familien- und Kommunikationsberater und zur Medienforschung. Seit Anfang der achtziger Jahre führt er Elternseminare und Fortbildungsveranstaltungen durch, die sich großer Beliebtheit erfreuen.

Ohne Chaos geht es nicht *13 Überlebenstips für Familien*
208 Seiten. Gebunden

Jan-Uwe Rogge
Pubertät – Loslassen und Haltgeben
208 Seiten. Gebunden und als rororo sachbuch 60953
Die Pubertät ist mühsam für alle Familienmitglieder, die Nerven liegen bloß. Die geduldigsten Eltern sind verunsichert und mit ihrem pädagogischen Latein am Ende. Der Nervenkrieg muß nicht sein. Bestsellerautor Jan-Uwe Rogge zeigt, wie Eltern produktiv mit der Pubertät ihres Kindes umgehen können.

Kinder haben Ängste *Von starken Gefühlen und schwachen Momenten*
288 Seiten. Gebunden und als rororo sachbuch unter dem Titel
Ängste machen Kinder stark
(mit kindern leben 60640)

Kinder können fernsehen *Vom sinnvollen Umgang mit dem Medium*
(mit kindern leben 60753)

JAN-UWE ROGGE

Kinder brauchen Grenzen
Eltern setzen Grenzen

Kinder brauchen Grenzen
(mit kindern leben 19366)

Eltern setzen Grenzen
(mit kindern leben 19756)

Kinder brauchen Grenzen.
Eltern setzen Grenzen
(mit kindern leben 60697)

Jan-Uwe Rogge /
Regine Rogge
Zuhören macht Spaß *Die besten Kassetten und CDs, Hörclubs für Kids, Tips zum Selbermachen*
(mit kindern leben 60830)

Jan-Uwe Rogge / Moni Port
Ein Wolkenlied für Omama
(rororo rotfuchs 20955)

Sonst beiß ich dich!
(rororo rotfuchs 20968)

Weitere Informationen in der **Rowohlt Revue**, kostenlos im Buchhandel, und im **Internet:** **www.rowohlt.de**

Jan-Uwe Rogge

rororo sachbuch

mit kindern leben

Ratgeber für den Umgang
mit Kindern im Alltag –
Praktische Tips, Ideen,
Anregungen.

Harris Clemens /
Reynold Bean
Ohne Regeln geht es nicht
*Konsequent bleiben in der
Erziehung*
(rororo sachbuch 19754)

Astrid von Friesen
Liebe Spiel eine Rolle *Was
Kinder und was Eltern
brauchen*
(rororo sachbuch 60153)
Geld spielt keine Rolle *Erziehung im Konsumrausch*
(rororo sachbuch 19680)

Susanne Frinke-Dammann /
Reiner Scholz
Tagesmütter *Eine Orientierungshilfe*
(rororo sachbuch 60322)

Hermann Liebenow
**Konsequenz – Wie Eltern lernen,
was Kinder brauchen**
(rororo sachbuch 60540)

Cornelia Nitsch
Bloß nicht alles richtig machen
*Vom partnerschaftlichen
Umgang mit Kindern*
(rororo sachbuch 60470)

Lorelies Singerhoff
Starke Kinder *Wie Eltern
emotionale und soziale
Intelligenz fördern*
(rororo sachbuch 60539)

Verena Sommerfeld
Trotz, Wut, Aggressionen
*Wenn Eltern nicth mehr
weiter wissen*
(rororo sachbuch 60615)

ARND STEIN

Wie wir verstehen und helfen können

WENN KINDER
AGGRESSIV SIND

rororo

MIT KINDERN LEBEN

Arnd Stein
Wenn Kinder aggressiv sind
*Wie wir verstehen und
helfen können*
(rororo sachbuch 60582)

Lienhard Valentin
Mit Kindern neue Wege gehen
*Erziehung für die Welt von
morgen*
(rororo sachbuch 60826)

Torsten Winter
"Ich möchte so gerne ein Tier!"
*Alles über Katzen, Hunde
Meerschweinchen & Co.*
(rororo sachbuch 60326)

Anthony E. Wolf
**«Meine Freunde dürfen das
aber!»** *Vom Nachgeben
und Grenzensetzen in der
Erziehung*
(rororo sachbuch 60157)

Ute York
Nachschlagen statt Zuschlagen
*Erziehungsfragen auf einen
Blick*
(rororo sachbuch 60201)

Weitere Informationen in der
Rowohlt Revue, kostenlos im
Buchhandel, und im **Internet:
www.rororo.de**

rororo sachbuch

Praktische Tips, Ideen, Ratschläge – Anregungen für den Umgang mit Kindern in der Freizeit.

Laura Conradi
Das beste Spielzeug für mein Kind *Empfehlungen von A bis Z für Kinder von 0 bis 6*
(rororo sachbuch 60580)

Thomas Feibel
Multimedia für Kids: Spielen und lernen am Computer *Was Eltern und Pädagogen wissen müssen*
(rororo sachbuch 60423)

Sabine Friedrich /
Volker Friebel
Trau dich doch! *Wie Kinder Schüchternheit und Angst überwinden*
(rororo sachbuch 19729)

Wolfgang Hering
Spiel-Lieder mit Pfiff *Spaß und Bewegung für Kinder ab 2*
(rororo sachbuch 60610)

Klaus W. Hoffmann
Kinder brauchen Bewegung *Übungen, Spiele und Lieder für Kinder und Erwachsene*
(rororo sachbuch 60325)

Jürgen Junker-Rösch
Gemeinsam Spielen *Spaß und Spannung für kleine und große Gruppen*
(rororo sachbuch 19147)

Raimund Pousset
Fingerspiele und andere Kinkerlitzchen *Spiel-Lust mit kleinen Kindern*
(rororo sachbuch 60641)

JÜRGEN JUNKER-RÖSCH

Spaß und Spannung für kleine und große Gruppen

GEMEINSAM SPIELEN

rororo

MIT KINDERN LEBEN

Cornelia Nitsch
Kinder können alleine spielen *Spannung, Spaß und Rätsel für Kinder von 3–10*
(rororo sachbuch 60329)
Wenn die Enkel kommen *Spaß und Spiele für Großeltern und Kinder*
(rororo sachbuch 60205)

Iris Schürmann-Mock
Nudeln, Pommes – und was sonst? *Gesunde Kinderernährung mit Spaß und Genuß. Pfiffige Rezepte für groß und klein*
(rororo sachbuch 60501)

Elfi Schuster
Basteln mit den ganz Kleinen *Spiel und Spaß von 1–4*
(rororo sachbuch 19503)

Weitere Informationen in der **Rowohlt Revue**, kostenlos im Buchhandel, und im **Internet: www.rororo.de**

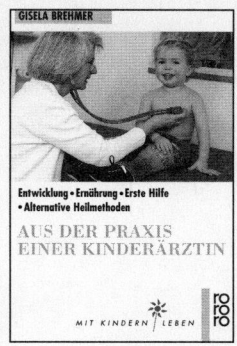